공짜로는 알 수 없는 절세 비법
학원

공짜로는 알 수 없는 절세 비법

류아라 지음

학원

여의도 책방

차례

시작하며
세금 공부로 학원 경영의 기초 체력 키우기 — 17
초보 원장님을 위한 세금 필수 용어 20가지 — 20

PART 1
학원은 면세사업자라던데요?

1-1 면세사업자란? — 27
부가가치세
교육서비스업의 부가가치세 면세

1-2 주무관청의 인허가 — 30
사업자등록 전 인허가부터!
교육청 인허가
시·군·구청 인허가

1-3 면세면 좋은 건가요? — 37
부가가치세 면세는 곧 가격 경쟁력
면세면 세금 안 내도 되는 건가요?

1-4 면세사업자는 환급을 못 받는다고요? — 39
매입세액 불공제란?
차량 가격의 10% 돌려받을 수 있다던데요?
건물 분양받으면 10% 돌려받을 수 있다던데요?

PART 2
학원 원장님의 필수 세무 신고

2-1 매출 신고　　　　　　　　　　　　　　　　　　　45
부가가치세 신고
사업장현황신고
사업장현황신고, 꼭 해야 하나요?

2-2 인건비 신고　　　　　　　　　　　　　　　　　　48
원천세란?
원천징수이행상황신고서
원천세 납부
교습소와 공부방의 인건비 신고
지급명세서 제출
정기지급명세서와 간이지급명세서

2-3 종합소득세 신고　　　　　　　　　　　　　　　　52
종합소득세 신고란?
추계신고 vs. 장부신고

2-4 법인세 신고　　　　　　　　　　　　　　　　　　54

PART 3
현금영수증 꼭 발행해야 하나요?

3-1 현금영수증이란?　　　　　　　　　　　　　　　　57
현금영수증 발행 대상 매출
현금영수증의 전산화

3-2 현금영수증 발급　　　　　　　　　　　　　　　　　　59
현금영수증의 종류
현금영수증 발급 방법

3-3 현금영수증 가맹점 가입　　　　　　　　　　　　　　　62
현금영수증 가맹점 가입 방법
현금영수증 가맹점 가입 안 하면 어떻게 되나요?

3-4 현금영수증 의무 발급　　　　　　　　　　　　　　　　65
교육서비스업은 현금영수증 의무 발급 업종
현금영수증 자진 발급
작년분 현금영수증 발급은 어떻게 하나요?
현금영수증, 발급 안 하면 어떻게 되나요?

PART 4
학원 운영자의 매출 관리

4-1 매출 관리가 왜 중요한가요?　　　　　　　　　　　　73
세금 계산에서 매출의 중요성
매출 누락하면 어떤 불이익이 있나요?

4-2 이것도 수입으로 잡히나요?　　　　　　　　　　　　　75
교재 판매도 매출인가요?
이런 수입도 매출일까요?
보조금 받는 것도 세금 내나요?

4-3 매출 계산서가 뭔가요?　　　　　　　　　　　　　　　78
계산서 발급 대상 거래
계산서 vs. 세금계산서
전자계산서 발급 의무

4-4 교육비납입영수증 82

교육비납입영수증 발급하면 이중매출 아닌가요?
학부모님의 교육비 세액공제
교육비납입증명서 전산으로 발급하기
전산 발급이 어렵다면 수기 발급
학원을 양수도한다면 기억하세요!
교육비납입영수증은 미취학 아동만!

PART 5
지출은 경비로, 경비는 절세로

5-1 적격영수증이란? 91
사업용 카드
세금계산서 및 계산서
사업자용 현금영수증

5-2 적격영수증 수취 대상이 아닌 경우 94

5-3 비용 처리되는 것, 안 되는 것 96
사업 관련 비용? 개인 비용?
외식비도 비용 처리되나요?
휴대폰 요금 비용 처리되나요?
승용차 주유비 비용 처리되나요?
인건비 신고 안 한 알바 급여, 비용 처리되나요?
사업용 계좌로 이체하면 비용 처리되죠?

5-4 세금계산서 없이 하면 10% 깎아준대요 101
10% 왜 깎아준다고 하는 걸까요?
면세사업자는 어차피 10% 공제 못 받잖아요?

PART 6
필수 준비물: 사업용 카드, 사업용 계좌

6-1 사업용 카드 등록　　　　　　　　　　　　　　　107
개인사업자의 사업용 카드 등록
사업용 카드 홈택스 등록 방법
법인사업자의 사업용 카드

6-2 사업용 카드 사용　　　　　　　　　　　　　　　110
사업용 카드 등록하면 모두 비용 처리되는 건가요?
사업용 카드로 개인 비용 결제해도 되나요?
홈택스 등록 안 하면 비용 처리 안 되나요?

6-3 사업용 계좌의 신고 및 사용　　　　　　　　　　113
사업용 계좌 사용 의무
사업용 계좌 신고 방법
사업용 계좌 사용 범위
개인적인 용도로 사용해도 되나요?
사업용 계좌 입출금 내역이 세무 대리인에게 공개되나요?

6-4 차명계좌 사용 금지　　　　　　　　　　　　　　117
배우자 명의 계좌 사용해도 되나요?
차명계좌란?
차명계좌 사용하면 어떻게 되나요?

PART 7
학원의 인건비 처리 A to Z

7-1 인건비 신고, 꼭 해야 하나요?   123
학원의 가장 큰 경비, 인건비
알바도 인건비 신고 해야 하나요?
원장인 내 월급도 인건비 신고 해야 하나요?

7-2 인건비 신고 유형   125
근로소득
사업소득
기타소득

7-3 4대보험 근로자 vs. 3.3% 사업소득자   127

7-4 가짜 3.3% 그게 뭐길래?   129
직원 4대보험료가 너무 부담돼요
가짜 3.3이란?
가짜 3.3, 어떤 불이익이 있나요?

PART 8
직원 고용과 4대보험 가입

8-1 4대보험이란?   135
대한민국의 4대보험 제도
사업자의 4대보험 가입

8-2 4대보험 신고 종류 — 137
사업장 성립 신고
자격 취득 신고와 상실 신고
직원 보수총액 신고
대표자의 보수총액 신고

8-3 4대보험료 얼마나 나올까? — 139
직원 고용으로 인한 직장가입자 전환
직원의 4대보험료 얼마나 나올까?
보험료 납부
4대보험 가입 예외
어린이 통학버스 기사님의 고용·산재 보험 가입

8-4 4대보험료 아끼고 싶다면, 두루누리 지원 제도 — 144
소규모 사업장을 위한 지원 제도
지원 요건
지원 내용

PART 9
학원차량과 업무용 승용차

9-1 학원차량 어디까지 비용 처리되나요? — 149

9-2 승용자동차도 비용 처리가 되나요? — 150
업무용 승용차란?
업무용 승용차에 대한 세법 제제
학원의 승용자동차 비용

9-3 리스 vs. 렌트 vs. 할부, 어떻게 구입할까? — 153
리스 vs. 렌트 vs. 할부

세금 처리는 다 똑같다?
핵심은 적격영수증 수취

9-4 중고 판매, 차량지원금 이것 놓치면 안 돼요!   156

중고로 판매할 때는 계산서 발급!
양도차익도 소득이에요
지원금도 세금이 붙어요

PART 10
사업장현황신고 언제, 누가, 어떻게?

10-1 사업장현황신고란?   161

언제 신고하나요?
누가 신고해야 하나요?
신고하지 않으면 어떻게 되나요?

10-2 사업장현황신고서 작성 방법   164

수입금액과 계산서합계표
학원사업자수입금액검토표

PART 11
한눈에 살펴보는 종합소득세 계산법

11-1 종합소득세 계산 기본 흐름   169

1단계: 당기순이익 계산
2단계: 세무조정
3단계: 소득공제

4단계: 세율 적용
5단계: 세액공제
6단계: 납부할 세액 계산

11-2 다른 소득이 있으신가요? 172
종합소득의 종류
사업장이 여러 개라면?

11-3 인적공제, 어떻게 받아야 절세할까? 174
공제 요건 확인하기
맞벌이 부부의 절세 방법
매년 유리한 쪽으로 선택

11-4 인적공제 없는 원장님 추천 세테크 177
노란우산공제의 절세 효과
IRP의 절세 효과
두 가지를 함께 활용하기

PART 12
법인하면 더 좋은가요?

12-1 면세 법인의 계산서합계표 제출 의무 183
계산서합계표 제출 기한
미제출 시 가산세

12-2 법인세 계산 구조의 차이 185
포괄주의 vs. 열거주의
대표자의 급여는 근로소득
인적공제 적용

12-3 내 돈인데 못 빼간다고요? 187
법인과 대표자는 개별 인격체입니다
그냥 인출하면 어떻게 되나요?
계획적인 자금 관리가 중요

12-4 법인이 더 유리할까? 190
법인 전환 타이밍
법인 전환의 절세 효과
법인 전환의 추가 장점
나의 사업에 더 적합한 선택은?

PART 13
직원을 고용하면 세금이 줄어들어요

13-1 통합고용세액공제란? 197
누가 대상인가요?
세액공제의 효과

13-2 세액공제 요건 199
연평균 직원 수가 증가해야 합니다
상용근로자만 해당됩니다
친인척은 제외됩니다

13-3 세액공제, 얼마나 절세될까? 201
공제 금액
최저한세와 농특세

13-4 고용인원 유지 사후 관리 204
고용유지의무란?
현실적인 어려움

Part 14
학원 권리금도 세금을 내요?

14-1 영업권, 세금 신고해야 하나요? 209
권리금 거래의 세무적 의미
신고하지 않으면 어떻게 되나요?

14-2 양도자의 세금 처리 212
계산서 발급 의무
기타소득 합산 신고
필요경비 60% 인정

14-3 양수자의 세금 처리 214
계산서 수취 필수
무형자산 상각
원천징수 의무

14-4 영업권의 절세 효과 217
과세 기준 차이
권리금 세무 신고의 절세 효과

Part 15
개인사업자, 수입금액이 왜 중요한가요?

15-1 매출에 따른 기장의무 판정 221
수입금액 구간별 신고 유형
수입금액 계산 방법
기장의무를 판정하는 기준

15-2 성실신고확인대상자 224

성실신고제도란?
성실신고대상자는 왜 신고가 까다로운가요?
성실신고확인서 제출하지 않으면 어떻게 되나요?

15-3 공동사업자의 기장의무 판정 228

공동사업이란?
공동사업자의 세금 계산 방식
공동구성원의 소득금액 배분 방법
공동 비율, 거짓으로 신고하면 안 돼요!
공동사업자의 기장의무 판정
공동사업자 구성원의 사업용 카드와 사업용 계좌
공동사업자의 사업자등록

마치며
교육서비스 전문 세무사가 필요한 이유 237

시작하며

세금 공부로 학원 경영의 기초 체력 키우기

교육서비스업, 특히 학원 사업을 처음 시작하신 원장님들이 가장 많이 하는 고민은 단연 '세금'입니다.

"학원은 면세라던데, 그럼 부가세는 안 내도 되는 건가요?"

"강사 인건비는 어떻게 신고하죠?"

"현금영수증은 꼭 발급해야 하나요?"

이런 질문들은 단순한 궁금증이 아니라, 실제로 사업의 성패를 좌우하는 중요한 문제입니다.

이 책 『공짜로는 알 수 없는 절세 비법 학원』은 학원업에 종사하는 분들이 '세무'라는 단어만 들어도 막막해지는 순간에, 실질적으로 도움이 될 수 있도록 기획했습니다.

복잡한 세법 조항을 나열하기보다, 학원 현장에서 바로 적용할 수 있는 실무 중심의 절세 가이드를 담았습니다.

처음 사업자등록을 하는 순간부터, 매출 관리·인건비 신고·현금영수증 발급·지출 관리까지. 한 번이라도 "이건 어떻게 처리해야 하지?" 고민하셨던 부분들을 명쾌하게 풀어드립니다.

이 책은 단순히 세금을 줄이기 위한 기술서가 아닙니다. 세무를 올바로 이해하고 관리하는 것은, 곧 사업의 기초 체력을 키우는 일이기 때문입니다. 세무 지식이 부족하면 불필요한 세금을 낼 수도 있고, 반대로 신고 누락으로 불이익을 받을 수도 있습니다. 하지만 기본 원리를 이해하고, 정확한 기준만 알면 세금은 더 이상 두려운 존재가 아닙니다.

이 책을 통해 독자님은 교육서비스업의 세무 구조를 한눈에 이해하고, 실제 신고 과정에서 놓치기 쉬운 절세 포인트를 익히며, 전문가에게 의존하지 않고도 기초적인 세무 판단을 스스로 내릴 수 있는 힘을 얻게 될 것입니다.

이제 세금은 피해야 할 '골칫거리'가 아니라, 내 사업을 지키고 성장시키는 가장 합리적인 도구가 될 수 있습니다. 이 책이 독자님이 사업을 더 단단

하게, 더 현명하게 운영해 나가는 데 작은 길잡이가 되길 바랍니다.

초보 원장님을 위한 세금 필수 용어 20가지

워밍업 느낌으로 먼저 읽어보시면 좋을 세금 필수 용어들입니다. 당장 이해가 안 가도 걱정하지 마세요. 본문을 모두 읽고 나면 무슨 뜻인지 확실히 알고 활용하실 수 있게 될 겁니다.

사업자등록증
국세청에 등록하여 발급받는 사업자 인증서. 세금 신고 및 사업 활동의 출발점.

사업소득
개인사업자가 벌어들인 소득의 한 종류로, 종합소득세 신고 시 포함됨.

기타소득

일시적 수입 등, 사업소득 외의 수입. (예: 일회성 강의 계약 등)

현금영수증

개인 소비자 또는 사업자에게 발급하는 소득공제 및 지출증빙 영수증. 현금 B2C 거래 시 매출을 증빙하거나, 매입을 증빙할 때 사용.

전자세금계산서

국세청에 실시간 전송되는 전자 형태의 세금계산서. B2B 거래 시 필수.

면세사업자

주로 교육청 등 주무관청의 인가, 허가, 등록을 받은 학원이나 학교에서 제공하는 교육 용역에 해당. 고객에게 부가가치세(VAT) 10%를 받지 않음.

과세사업자

주무관청의 인허가 요건을 갖추지 않은 성인 대상 취미 교육, 컨설팅, 또는 온라인 교육 등을 제공하는 사업자. 고객에게 부가가치세 10%를 받아 신고 및 납부해야 함.

부가가치세(VAT)
재화·용역의 소비에 부과되는 세금(10%).

부가세 신고
1년에 2회(1월, 7월) 사업자가 부가세를 국세청에 신고하고 납부하는 절차. 면세사업자는 부가가치세 신고 의무 없음.

공급가액
부가세를 제외한 상품 또는 용역의 실제 판매 금액.

매출세액
고객에게 받은 부가가치세 금액.

매입세액
사업 활동에 필요한 물건이나 서비스 구입 시 부담한 부가세. 매출세액에서 공제 가능.

과세표준
세금을 계산하기 위한 기준이 되는 금액. 소득세·

부가세 등을 부과할 때 기준이 됨.

종합소득세

1년간 벌어들인 모든 소득에 대해 부과되는 세금. 개인 사업자는 매년 5월에 신고(성실사업자는 6월에 신고).

수입금액

한 회계 기간 동안 벌어들인 총 매출. 소득세법상 여러 기준 적용에 사용됨.

필요경비

사업 운영에 필요한 비용으로, 세금 계산 시 총수입에서 제외됨.

소득공제

과세표준에서 제외되는 금액. 종합소득세 줄이기에 중요.

원천징수

외주 인력, 프리랜서, 근로소득자 등에게 소득을 지급할 때 세금을 미리 떼고 납부하는 제도.

세액공제

산출된 세금에서 일정 금액을 직접 차감해 주는 제도. (예: 전자신고 세액공제)

가산세

세금 신고 누락, 지연 시 부과되는 벌금. 주의 필요.

절차가 까다롭고 회계 관리에 더 신경 써야 합니다.

프랜차이즈 학원이나 복수의 지점을 관리할 목적이 아니라, 단순히 수입 금액이 5억 원 언저리에 해당하여 세금 부담 완화만이 목적인 경우라면 반드시 세무 전문가와 면밀히 검토해야 합니다. 법인 유지 비용, 자금 인출 제약, 이중 과세 구조 등을 종합적으로 고려하여 본인의 상황에 맞는 선택을 해야 합니다.

PART 13

직원을 고용하면 세금이 줄어 들어요

세법은 조세특례제한법을 통해 중소기업에 각종 세액감면 및 공제 혜택을 제공합니다. 그러나 교육서비스업은 창업감면을 적용받을 수 없는 업종이며, 특별한 시설 투자가 필요한 업종도 아닙니다. 따라서 학원 사업자에게는 고용에 대한 세액공제가 세금 부담 완화에 특히 중요하게 작용합니다.

13-1

통합고용
세액공제란?

통합고용세액공제는 사업자가 근로자의 고용을 증대한 경우, 고용인원 1명당 일정 금액을 법인세 또는 소득세에서 공제해 주는 세금 혜택입니다. 직원을 더 고용하면 세금을 직접 깎아주는 제도로, 학원처럼 인력이 필수적인 업종에 매우 유용합니다.

누가 대상인가요?

통합고용세액공제는 근로자가 증가한 경우에 적용받을 수 있습니다. 4대보험료 및 원천세를 납부한 내역이 확인되는 상용근로자가 대상이며, 3.3% 사업소득자는 적용 대상에서 제외됩니다. 또한 사업

주의 친인척인 근로자는 제외됩니다. 배우자, 직계
존비속 등 가족을 고용하더라도 세액공제 대상 인
원에 포함되지 않습니다.

세액공제의 효과

세액공제는 소득공제와 달리 세금에서 직접 차감
됩니다. 예를 들어 직원을 한 명 증가시켜 700만 원
의 세액공제를 받는다면, 내야 할 세금이 700만 원
그대로 줄어듭니다. 소득이 많고 세율이 높을수록
절세 효과가 큰 것이 아니라, 누구에게나 동일한 금
액만큼의 절세 효과가 있습니다.

13-2
세액공제 요건

통합고용세액공제를 받기 위해서는 일정한 요건을
충족해야 합니다.

◦ 전년 대비 상용근로자 수 증가
◦ 4대보험 가입 및 원천세 납부
◦ 친인척 제외

연평균 직원 수가 증가해야 합니다

통합고용세액공제는 전년도 대비 상용근로자 수가
증가한 경우에만 적용됩니다. 예를 들어, 전년도에
직원이 5명이었는데 올해 7명으로 늘었다면 증가

직원을 고용하면 세금이 줄어들어요　　　199

인원 2명에 대해 세액공제를 받을 수 있습니다. 단순히 직원을 고용하는 것만으로는 공제를 받을 수 없으며, 전년도보다 인원이 늘어나야 한다는 점이 중요합니다.

상용근로자만 해당됩니다

세액공제 대상은 4대보험에 가입하고 원천세를 납부하는 상용근로자입니다. 3.3% 사업소득자로 처리하는 강사는 공제 대상에 포함되지 않습니다. 또한 근로자여도 4대보험 가입 이력이 없거나, 원천세 신고 납부를 하지 않았다면 고용 인원으로 인정받을 수 없습니다.

친인척은 제외됩니다

사업주의 배우자, 직계존비속(부모, 자녀), 형제자매 등 친인척은 고용 증가 인원에서 제외됩니다. 가족을 직원으로 고용하더라도 세액공제 대상이 되지 않습니다.

13-3

세액공제,
얼마나 절세될까?

세액공제액은 지역과 고용 증가 인원의 연령에 따라 다르게 적용됩니다. 특히 수도권 외 지역에 있는 학원에서 34세 이하 청년의 고용 인원이 증가할 경우 가장 큰 세액공제 효과를 기대할 수 있습니다.

공제 금액

수도권 외 지역에서 전년도 대비 추가로 34세 이하의 청년을 고용하면 1인당 최대 연 1,550만 원의 세액을 절감할 수 있습니다. 일반 근로자를 고용하는 경우에도 1인당 수백만 원의 세액공제를 받을 수 있어, 직원을 늘릴 계획이 있다면 반드시 활용해야 할 제도입니다. 다만 이는 세액공제에 해당하므로 납부할 세금이 없다면 환급을 받을 수는 없고, 남은 금액이 다음 연도로 이월됩니다.

최저한세와 농특세

통합고용세액공제는 최저한세 및 농특세 적용을 받습니다.

최저한세란 세액공제액이 아무리 크더라도 산출 세액에 비례하여 계산한 일정 금액은 최소한으로 납부해야 하는 세금을 말합니다. 최저한세로 인하여 공제받지 못한 세액은 사라지지 않고 다음 연도로 이월되어 그 다음 연도 세금을 계산할 때 공제받을 수 있습니다.

농특세란 공제받은 금액의 20%를 계산하여 납부해야 하는 세금입니다.

예를 들어 당해 연도에 고용 증가로 인하여 세액 공제 신청 가능 금액이 1,000만 원이고, 최저한세로 인하여 납부해야 할 세액이 300만 원, 편의상 이로 인한 공제 가능한 한도가 700만 원으로 계산되었다고 가정하겠습니다.

- 세액공제 가능 금액: 1,000만 원
- 최저한세: 300만 원
- 실제 공제받는 금액: 700만 원 (1,000만 원-300만 원)
- 농특세: 140만 원 (700만 원×20%)

이 경우 최저한세 300만 원과 농특세 140만 원을 합하여 총 440만 원을 최종 세금으로 부담하게 됩니다. 공제받지 못한 300만 원의 공제세액은 다음 연도의 세금 계산 시 이월 세액으로 신청하여 받을 수 있습니다.

최저한세와 농특세를 고려하더라도, 직원을 늘리면 상당한 세금 절감 효과를 얻을 수 있습니다. 특히 세금 부담이 큰 학원일수록 통합고용세액공제의 효과가 큽니다.

13-4

고용인원 유지
사후 관리

통합고용세액공제를 받은 기업은 공제를 받은 후에도 일정 기간 동안 고용 인원을 유지해야 합니다.

고용유지의무란?

고용유지의무란, 공제를 받은 과세 연도의 종료일로부터 2년 이내에 고용 인원을 감소시키지 않아야 하는 것을 말합니다. 만약 유지 요건을 충족하지 못하여 고용 인원이 감소한 경우, 공제받은 금액을 다시 소득세 또는 법인세에 추가하여 납부해야 합니다.

예를 들어 2026년에 직원을 2명 늘려 세액공제를

받았다면, 2028년 말까지 증가한 인원을 유지해야 합니다. 이 기간 내에 직원이 퇴사하여 인원이 줄어들면 공제받은 세금을 도로 납부해야 합니다.

현실적인 어려움

고용유지의무는 상당한 세액공제 혜택에도 불구하고 사업자가 실제로 세금 절감 효과를 받는 데 걸림돌이 됩니다. 현실적으로 소상공인에게 고용 인원을 유지하는 것은 사업주 본인의 의지와 무관하게 상황이 쉽게 따라주지 않는 경우가 많습니다.

갑작스러운 근로자의 퇴사 통보에 당장 해당 인원을 보충하기 위하여 애가 타는 경우도 많습니다.

이러한 어려움에도 불구하고, 서비스업으로서 인력을 필수적으로 필요로 하는 학원 업종에서 고용에 대한 세액공제는 세금을 적법하게 절세할 수 있는 항목 중 가장 매력적인 혜택 중 하나입니다. 직원 채용을 계획하고 있다면, 고용유지의무를 염두에 두고 장기적으로 함께할 수 있는 직원을 채용하는 것이 중요합니다.

PART 11

한눈에 살펴보는 종합소득세 계산법

종합소득세는 개인이 1년 동안 벌어들인 모든 소득을 합산해 내는 세금입니다. 사업소득, 근로소득, 이자·배당소득, 연금소득 등이 포함되며 5월에 신고·납부합니다. 학원 사업자는 수입금액과 필요경비를 정확히 구분해 신고해야 합니다. 임차료, 교재비, 차량비 등은 경비로 인정되지만 개인적 지출은 제외됩니다. 또한 강사료 원천징수 및 매출 누락 방지에 특히 주의해야 합니다.

11-1

종합소득세 계산
기본 흐름

종합소득세는 개인의 1년간 소득에 대해 부과되는 세금입니다. 복잡해 보이지만, 기본 흐름을 이해하면 내가 낼 세금이 어떻게 계산되는지 알 수 있습니다.

1단계: 당기순이익 계산

먼저 매출에서 비용을 뺀 당기순이익을 계산합니다. 장부를 기장한 경우 손익계산서상의 당기순이익이 출발점이 됩니다.

2단계: 세무조정

회계상 당기순이익과 세법상 소득금액은 차이가 있습니다. 세무조정은 세법에서 인정하지 않는 비용을 가산하거나, 세법상 추가로 인정되는 비용을 차감하여 세법상 소득금액을 계산하는 과정입니다.

3단계: 소득공제

세법상 소득금액에서 각종 소득공제 항목을 뺍니다. 부양가족 인적공제, 노란우산공제 등이 이에 해당합니다. 소득공제를 많이 받을수록 과세표준이 낮아져 세금이 줄어듭니다.

4단계: 세율 적용

과세표준에 누진세율을 곱하여 산출세액을 계산합니다. 종합소득세는 소득이 높을수록 높은 세율이 적용되는 누진세 구조입니다. 현재 세율은 6%부터

45%까지 구간별로 적용됩니다.

5단계: 세액공제

산출세액에서 각종 세액공제 항목을 뺍니다. 자녀
세액공제, 연금계좌세액공제, 통합고용세액공제
등이 이에 해당합니다. 세액공제는 세금에서 직접
차감되므로 절세 효과가 큽니다.

6단계: 납부할 세액 계산

최종적으로 중간예납세액이나 원천징수된 세액 등
기납부세액을 차감하고, 가산세가 있다면 가산하
여 납부할 세금이 확정됩니다. 기납부세액이 최종
세액보다 많으면 환급받게 됩니다.

11-2

다른 소득이
있으신가요?

종합소득세는 개인의 모든 종합소득을 합산하여
계산합니다. 학원 소득만 있는 것이 아니라 다른 소
득이 있다면, 모두 합쳐서 세금을 계산해야 합니다.

종합소득의 종류

종합소득에는 이자소득, 배당소득, 사업소득, 근로
소득, 연금소득, 기타소득이 포함됩니다. 학원 운영
으로 발생한 소득은 사업소득에 해당하지만, 다른
종류의 소득이 있다면 함께 신고해야 합니다.

예를 들어 학원을 운영하면서 예금 이자를 받았
거나, 부동산 임대업으로 임대사업소득이 있거나,

부업으로 프리랜서 활동을 했다면 이 모든 소득을 합산하여 종합소득세를 신고합니다.

사업장이 여러 개라면?

학원을 여러 개 운영하는 경우, 각 사업장의 소득을 모두 합산하여 계산합니다. A학원에서 3,000만 원, B학원에서 2,000만 원의 소득이 발생했다면, 총 5,000만 원에 대해 종합소득세를 계산합니다.

학원 외에 다른 사업을 함께 운영하는 경우에도 마찬가지입니다. 학원과 카페를 함께 운영한다면, 두 사업의 소득을 합산하여 신고해야 합니다.

11-3

인적공제,
어떻게 받아야 절세할까?

인적공제는 본인, 배우자, 부양가족에 대해 일정 금액을 소득에서 공제해 주는 제도입니다. 1인당 150만 원씩 공제되며, 경로우대자나 장애인의 경우 추가 공제가 있습니다.

공제 요건 확인하기

인적공제를 받기 위해서는 요건을 충족해야 합니다. 배우자는 연간 소득금액이 100만 원 이하여야 하고, 부양가족은 나이 요건(직계존속 60세 이상, 직계비속 20세 이하)과 소득 요건(연간 소득금액 100만 원 이하)을 모두 충족해야 합니다.

174　　　　　　　　　　　　　　　　　　　PART 11

동일한 부양가족을 서로 다른 소득자가 중복으로 공제받을 수 없습니다. 예를 들어 형제자매가 부모님을 이중으로 공제받을 수 없으므로, 가족 간에 누가 공제받을지 미리 조율해야 합니다.

맞벌이 부부의 절세 방법

맞벌이 부부의 경우 자녀나 부모님에 대한 인적공제를 누가 받을지 선택할 수 있습니다. 이때 중요한 원칙은 소득이 높은 쪽이 공제를 받는 것이 유리하다는 점입니다.

종합소득세는 누진세율 구조이므로, 과표가 높을수록 한계세율이 높습니다. 예를 들어 남편의 한계세율이 35%이고 아내의 한계세율이 15%라면, 남편이 인적공제를 받는 것이 절세에 유리합니다. 같은 150만 원 공제라도 35% 세율을 적용받으면 52만 5,000원의 세금이 줄어들지만, 15% 세율을 적용받으면 22만 5,000원만 줄어들기 때문입니다.

매년 유리한 쪽으로 선택

인적공제는 매년 종합소득세 신고 시 조정할 수 있습니다. 작년에는 남편이 공제를 받았더라도, 올해 아내의 소득이 더 높아졌다면 올해는 아내가 공제를 받는 것으로 선택할 수 있습니다. 부부의 소득 변화에 따라 매년 가장 유리한 방법을 선택하면 됩니다.

11-4
인적공제 없는
원장님 추천 세테크

독신이거나 부양가족이 없는 원장님들은 인적공
제를 받을 수 없어 세금 부담이 상대적으로 큽니다.
이런 경우 노란우산공제와 IRP(개인형퇴직연금)를
적극 활용하면 절세 효과를 볼 수 있습니다.

노란우산공제의 절세 효과

노란우산공제는 소기업·소상공인을 위한 퇴직금
적립 제도입니다. 개인사업자와 총 급여 8,000만
원 이하의 법인 대표자가 받을 수 있는 소득공제 혜
택입니다. 월 최대 100만 원까지 납입할 수 있으며,
연간 납입액의 최대 600만 원까지 소득공제를 받
을 수 있습니다.

한눈에 살펴보는 종합소득세 계산법   177

예를 들어 연간 600만 원을 노란우산공제에 납입하고 한계세율이 16.5%인 원장님이라면, 약 99만 원의 세금을 절감할 수 있습니다.

소득금액별 연간 소득공제 한도

사업(근로)소득금액	연간 소득공제 한도
4,000만 원 이하	600만 원
4,000만 원 초과 6,000만 원 이하	500만 원
6,000만 원 초과 1억 원 이하	400만 원
1억 원 초과	200만 원

IRP의 절세 효과

IRP는 개인형퇴직연금으로, 근로자뿐만 아니라 사업자도 가입할 수 있습니다. 연간 최대 900만 원까지 납입할 수 있으며, 납입액의 최대 16.5%를 세액공제받을 수 있습니다.

세액공제는 소득공제와 달리 세금에서 직접 차감되므로, 소득 수준과 관계없이 동일한 절세 효과를 누릴 수 있습니다. 예를 들어 연간 900만 원을

IRP에 납입하면 최대 16.5% 세액공제로 인하여 약 148만 원의 세금을 직접 줄일 수 있습니다.

두 가지를 함께 활용하기

노란우산공제와 IRP는 각각 다른 공제 항목이므로 함께 활용할 수 있습니다. 두 가지를 모두 최대한 활용하면 상당한 절세 효과를 볼 수 있으며, 동시에 노후 자금도 마련할 수 있습니다. 인적공제를 받을 수 없는 싱글 원장님들에게 가장 효과적인 세테크 방법입니다.

PART 12

법인하면
더 좋은가요?

법인은 개인사업자와 달리 법인세를 납부하며, 세금 계산 방식이 다릅니다. 개인사업자는 소득 규모에 따라 종합소득세 누진세율이 적용되지만, 법인은 비교적 낮은 세율이 적용됩니다. 또한 법인은 대표자와 별개의 인격으로 인정되어, 대표가 급여를 받아도 그것은 법인의 인건비로 처리됩니다. 학원이 법인사업자로 등록되어 있을 경우, 세금 체계가 개인사업자와 크게 달라지는 사항들이 있습니다. 지금부터 그 내용을 살펴보겠습니다.

12-1
면세 법인의
계산서합계표 제출 의무

면세사업자인 법인 학원의 경우, 개인 학원과 신고 방식에 차이가 있습니다.

따라서 법인의 경우 개인보다 과세 대상 소득이 좀 더 포괄적이고 넓은 범위라고 이해할 수 있습니다.

계산서합계표 제출 기한

개인 면세사업자는 매년 2월 10일까지 사업장현황 신고를 해야 하지만, 법인 면세사업자는 사업장현 황신고 대상이 아닙니다. 법인은 매년 법인세 신고를 하므로, 별도로 사업장현황신고를 할 필요가 없습니다.

다만, 법인 면세사업자는 계산서합계표만 별도로 제출해야 합니다. 전년도 1월부터 12월까지 발행하거나 받은 계산서 내역을 정리하여, 다음 연도 2월 10일까지 세무서에 제출합니다.

미제출 시 가산세

계산서합계표를 제출하지 않거나 늦게 제출하면 공급가액의 0.5%에 해당하는 가산세가 부과됩니다. 법인세 신고와는 별개의 의무이므로, 2월 10일 제출 기한을 꼭 지켜야 합니다.

개인 면세사업자 vs. 법인 면세사업자

구분	제출 서류	제출 기한
개인 면세사업자	사업장현황신고 (계산서합계표 포함) 제출	다음 연도 2월 10일까지
법인 면세사업자	계산서합계표만 제출	다음 연도 2월 10일까지

12-2

법인세 계산 구조의 차이

법인세와 종합소득세는 계산 구조에서 근본적인 차이가 있습니다.

포괄주의 vs. 열거주의

법인은 포괄주의를 적용하며, 법인이 벌어들인 모든 수입은 법인세 과세 대상이 됩니다. 반면 개인사업자는 열거주의를 적용하여 세법에서 정한 소득(사업소득, 근로소득, 이자소득 등)만 과세됩니다.

대표자의 급여는 근로소득

법인의 대표자가 법인으로부터 받는 급여는 근로소득으로 과세됩니다. 법인은 대표자에게 급여를 지급할 때 근로소득세를 원천징수하고, 대표자는 연말정산을 통해 세금을 정산합니다.

개인사업자는 사업소득으로 종합소득세를 신고하지만, 법인 대표자는 급여에 대해 근로소득세를 부담하는 구조입니다. 즉, 개인사업자는 사업소득에 대해 한 번만 세금을 내면 되는 반면, 법인의 이익에 대해 법인세를 내고, 대표자가 그 돈을 인출해 가는 시점에 대표자의 개인 종합소득세를 내야 합니다.

인적공제 적용

법인세에는 인적공제가 적용되지 않아 배우자나 자녀에 대한 공제를 받을 수 없는 반면, 법인 대표자는 급여에 대한 연말정산 시 인적공제를 받을 수 있습니다. 부양가족 공제는 법인세가 아닌 대표자 개인의 근로소득세에서 적용됩니다.

12-3

내 돈인데
못 빼간다고요?

개인사업자에서 법인으로 전환한 원장님들이 가장 당황하는 부분이 바로 자금 인출입니다. 개인사업자 운영 시에는 통장에서 자유롭게 돈을 빼서 쓸 수 있었는데, 법인은 그렇게 할 수 없습니다.

법인과 대표자는 개별 인격체입니다

법인은 대표자와 별개의 독립된 법인격을 가진 주체입니다. 법인의 돈은 법인 소유이지 대표자 개인의 돈이 아닙니다. 따라서 법인 통장에서 돈을 빼려면 세법상 적법한 방법으로 인출해야 합니다.

법인에서 대표자가 돈을 가져갈 수 있는 방법은

다음과 같습니다.

- 급여: 매월 정기적으로 지급하는 급여로 인출합니다. 근로소득세를 원천징수하고 4대보험료를 납부해야 합니다.
- 상여: 성과급 형태로 지급하는 상여금입니다. 급여와 마찬가지로 근로소득세를 원천징수합니다.
- 배당: 법인의 이익을 주주에게 배당하는 방식입니다. 배당소득세가 부과되며, 법인에 배당 가능한 잉여금이 있어야 합니다.

그냥 인출하면 어떻게 되나요?

법인 통장에서 대표자가 임의로 돈을 빼서 쓰면 가지급금으로 회계 처리됩니다. 가지급금은 법인이 대표자에게 빌려준 돈으로 간주되며, 이자를 받아야 하고 나중에 돌려받아야 합니다.

문제는 가지급금이 대표자 상여로 처분될 수 있다는 점입니다. 즉, 대표자가 법인으로부터 급여로 자금을 인출해 간 것으로 간주하여 상여로 처분하고 대표자는 이에 대한 소득세를 추징당합니다.

계획적인 자금 관리가 중요

법인 전환 후에는 급여를 충분히 책정하고, 개인 생활비는 급여 범위 내에서 사용하는 습관을 들여야 합니다. 법인 자금과 개인 자금을 명확히 구분하고, 법인 통장에서 임의로 인출하지 않도록 주의해야 합니다.

12-4

법인이
더 유리할까?

학원이 성장하면서 매출이 늘어나면 법인 전환을
고민하게 됩니다. 법인 전환은 절세 효과가 크지만,
신중한 결정이 필요합니다.

법인 전환 타이밍

많은 사업자들이 성실신고대상자 기준 매출금액에
도달할 것으로 예상되면 법인 전환을 고려합니다.
교육서비스업의 경우 수입금액 5억 원이 성실신고
대상자 기준이므로, 매출이 5억 원에 가까워지면
법인 전환을 본격적으로 검토하게 됩니다. 성실신
고대상자가 되면 세무조사 위험이 높아지고, 성실

신고확인비용도 부담해야 하기 때문입니다.

또한 매출이 늘어나면 이익도 함께 증가하여 종합소득세 한계세율이 높아집니다. 높은 세율로 인한 세금 부담을 줄이기 위해 법인 전환을 선택하는 경우가 많습니다.

한편, 사업 규모가 아직 작더라도 프랜차이즈 사업, 사업 확장, 투자 유치 등을 계획하는 경우에도 법인 전환을 고려합니다.

법인 전환의 절세 효과

개인사업자는 최대 45%의 종합소득세율을 적용받지만, 법인은 최저 9%부터 시작하는 법인세율을 적용받으므로, 이익이 높아질수록 법인세율이 현저히 유리해 보입니다.

또한 법인 전환으로 건강보험료 절감 효과도 계획할 수 있습니다. 개인사업자는 소득 전체에 대해 건강보험료가 부과되지만, 법인 대표자는 급여를 조정하여 건강보험료를 줄일 수 있습니다.

법인 전환의 추가 장점

낮은 세율 외에도 법인 전환은 다양한 혜택이 있습니다.

◦ 사업양수도를 통한 과세이연: 개인사업자의 자산을 법인에 양도할 때 양도소득세를 이연할 수 있습니다.
◦ 높은 공신력: 법인은 개인사업자보다 대외 신뢰도가 높아 투자 유치나 거래처 확보에 유리합니다.
◦ 영속성: 대표자가 바뀌어도 법인은 계속 유지됩니다.

나의 사업에 더 적합한 선택은?

법인 전환은 분명한 절세 효과가 있지만, 고려해야 할 사항도 많습니다.

개인사업자는 사업 자금을 자유롭게 인출할 수 있지만, 법인은 급여나 배당 등 적법한 절차를 통해서만 자금을 인출할 수 있습니다. 또한 법인은 행정

2-4 법인세 신고

법인사업자는 과세연도에 벌어들인 순이익에 대해 과세연도 종료 후 3개월 이내에 세금을 계산하고 신고 및 납부해야 합니다.

예를 들어, 12월 결산 법인의 경우 다음 연도 3월 말일까지 법인세를 신고해야 합니다.

법인사업자는 첫해부터 복식부기로 기장하여 장부신고로 신고하여야 하므로, 개업과 동시에 세무전문가의 도움을 받는 것이 바람직합니다. 법인세 계산 구조는 개인사업자의 종합소득세보다 복잡하며, 법인 특유의 세무 이슈들이 많아 전문가의 조언 없이 진행하기 어렵습니다.

제 지출 내역을 확인하지 않고, 수입금액에 업종별로 정해진 경비율을 곱한 금액을 필요경비로 인정받는 방식입니다.

하지만 초기 투자 비용이 많았다면 장부 신고를 통해 첫해 결손금을 기록하고, 이를 다음 연도로 이월하여 세금 절감 효과를 볼 수 있습니다.

예를 들어 학원 개원 첫해에 인테리어와 교구 구입 등으로 5,000만 원을 지출했지만 매출은 3,000만 원에 그쳐 2,000만 원의 결손이 발생했다고 가정해 보겠습니다. 장부 신고를 하면 이 결손금 2,000만 원을 다음 연도로 이월하여, 다음 연도 소득에서 차감할 수 있어 세금을 절감할 수 있습니다.

2-3 종합소득세 신고

종합소득세 신고란?

종합소득세 신고는 개인사업자가 연간 벌어들인 순이익에 대해 세금을 계산하고 신고·납부하는 과정을 말합니다. 개인사업자는 전년도 소득을 기준으로 매년 5월 말일까지 신고해야 합니다.

추계신고 vs. 장부신고

사업 첫해에 매출 규모가 작아 단순율 대상자로 분류된다면 비교적 간단한 추계신고 방식으로 종합소득세 신고를 진행할 수 있습니다. 추계신고는 실역을 국세청에 보고하는 서류입니다. 이 서류에는 지급 금액뿐만 아니라 지급받은 소득자에 대한 정보가 포함됩니다.

원천세 신고가 징수한 세금을 신고·납부하는 절차라면, 지급명세서는 소득자별 정보와 지급 금액을 기재하여 제출하는 신고 서식입니다. 이 절차를 이행해야만 인건비 지급액을 적법하게 장부에 경비로 반영할 수 있으며, 이를 통해 세금 절감 효과를 누릴 수 있습니다.

정기지급명세서와 간이지급명세서

지급명세서는 정기지급명세서와 간이지급명세서로 구분할 수 있습니다. 지급하는 소득의 종류(근로, 사업, 일용, 기타, 퇴직 등)에 따라 각 지급명세서의 제출 기한이 다르며, 제출 기한을 준수하지 않으면 가산세가 부과될 수 있습니다.

각 소득 항목마다 간이지급명세서 제출 기한이 다르게 설정되어 있으므로, 체계적인 관리를 위해 세무 전문가의 도움을 받아 진행하는 것이 바람직합니다.

국세 신고서와 지방세 신고서를 각각 세무서, 지자체에 신고하여야 납부서를 발급받을 수 있으며, 홈택스, 위택스 등을 이용하여 각각 온라인 신고도 가능합니다.

원천세는 기한 내 납부하지 않을 경우 기한이 경과됨에 따라 매일 가산세가 발생하여 납부해야 할 세금이 늘어나므로, 신고뿐만 아니라 기한 내 납부하는 것이 중요합니다.

교습소와 공부방의 인건비 신고

교습소와 공부방은 학원법에 의하여 강사 채용이 원칙적으로 금지되어 있으나, 교습소는 보조인력(채점교사 등)은 채용 가능합니다. 공부방의 경우 주거지에 등록된 친족이라면 예외적으로 신고가 가능합니다.

지급명세서 제출

지급명세서는 사업자가 근로자나 사업소득자, 기타소득 수령자 등에게 지급한 금액에 대한 상세 내

지방소득세는 국세와는 별도로 신고 및 납부해야 하며, 4대보험 가입 대상인 근로자는 각 공단에 취득 신고 후 4대보험료를 납부해야 합니다.

원천징수이행상황신고서

원천징수이행상황신고서는 사업자가 원천징수한 세금을 국세청에 신고하는 서류입니다. 매월 제출하고 납부하는 것이 원칙이며, 예외적으로 반기납을 신청할 경우 상반기·하반기 6개월 단위로 제출 및 납부할 수도 있습니다.

신고서에는 지급 금액, 원천징수한 세금, 납부해야 할 세금 등이 포함되며, 이를 통해 국세청에 정확한 납부 내역을 보고하는 역할을 합니다.

원천세 납부

원천징수이행상황신고서를 제출하였다면, 신고서에 보고된 세액만큼을 신고한 달의 다음 달 10일까지 국세청과 지자체에 납부하여야 합니다.

2-2 인건비 신고

원천세란?

학원에서 강사나 직원을 고용하여 인건비를 지급할 경우, 원천세를 신고하고 납부해야 합니다. 원천세는 인건비 지급액에서 소득세를 미리 공제해 국가에 대신 납부하는 제도입니다. 예를 들어 강사에게 보수 100만 원을 지급할 때, 소득세 3만 원을 미리 공제한 97만 원을 지급하고, 공제한 3만 원은 원장님이 세무서에 납부하는 방식입니다.

원천세는 매월 지급한 다음 달 10일까지 신고 및 납부해야 하며, 원천세 납부는 자동이체가 불가능하므로 기한 내 직접 납부해야 가산세를 방지할 수 있습니다.

계표를 누락하거나 사실과 다르게 제출할 경우, 공급가액의 0.5% 가산세가 부과됩니다.

또한 면세사업자는 부가가치세 신고를 하지 않기 때문에 수입금액 증명 서류로 '면세사업자 수입금액증명원'을 사용합니다. 해당 증명원은 사업장현황신고서를 제출해야만 발급받을 수 있어, 금융기관이나 국가 기관 등에 제출하기 위해서는 신고가 필수적입니다. 더하여, 사업장현황신고 시 신고된 수입금액은 5월 종합소득세 신고와 직결되므로 정확히 신고해야 합니다.

매년 2월 10일까지 사업장현황신고서를 제출해야 합니다. 사업장현황신고는 전년도 1월부터 12월까지의 매출(수입금액)을 정확히 집계해 신고하는 절차입니다. 사업장현황신고는 납부할 세금은 발생하지 않으며, 지난 1년간의 매출 규모를 국세청에 정확히 보고하는 것이 중요합니다.

학원은 사업장현황신고서와 함께 다음 서류를 첨부해야 합니다.

- 학원사업자 수입금액 검토표
- 연간 발급하거나 받은 세금계산서 및 계산서합계표

한편, 법인사업자는 사업장현황신고서 제출 의무는 없으며, 계산서합계표만 매년 2월 10일까지 제출하면 됩니다.

사업장현황신고, 꼭 해야 하나요?

사업장현황신고서의 미제출에 대한 별도 가산세는 없으나, 사업장현황신고에 첨부하여 제출하는 합

2-1 매출 신고

부가가치세 신고

과세업자인 학원은 매출과 매입에 대하여 부가가치세를 신고하고 납부해야 합니다. 개인사업자의 경우 반기별로, 법인사업자는 분기별로 신고합니다. 하지만 대부분의 학원은 면세사업자에 해당하므로, 부가가치세 신고서 대신 사업장현황신고서 또는 계산서합계표를 제출하게 됩니다.

사업장현황신고

면세 개인사업자인 학원은 부가가치세 신고 대신

학원을 운영하며 원장님이 반드시 이행해야 할 세무 신고는 크게 세 가지입니다. 매출 신고, 인건비 신고, 소득 신고입니다. 각 신고는 시기와 방법이 다르므로, 기한을 놓치지 않도록 미리 파악하고 준비하는 것이 중요합니다. 이번 장에서는 학원 운영에 필수적인 세무 신고의 종류와 방법을 차례대로 알아보겠습니다.

PART 2

학원 원장님의 필수 세무 신고

있다"고 말할 때, 본인의 학원이 면세사업자인지 과세사업자인지 반드시 확인하셔야 합니다.

건물 분양받으면 10% 돌려받을 수 있다던데요?

비슷한 예로 학원 건물을 분양받는 경우, 사업자를 등록하면 건물 가격의 10%를 세금 신고로 돌려받을 수 있다는 안내를 분양사로부터 받는 경우가 많습니다. 하지만 분양받은 건물을 면세사업을 위하여 사용할 경우 매입세액 공제를 받을 수 없기 때문에 건물 가격의 10%를 돌려받을 수 없습니다.

이는 분양 후 임대사업자로 등록한 후, 추후에 본인의 면세 학원으로 해당 건물을 사용한 경우에도 마찬가지입니다. 임대사업자로 등록하면 분양 시점에는 매입세액을 공제받을 수 있지만, 10년 이내에 본인의 면세 사업에 이용할 경우 환급받았던 일부 부가가치세를 다시 반납해야 할 수 있습니다.

매출세액을 납부하지도 않고, 매입세액을 환급받지도 않습니다. 매입으로 지출한 총 금액이 33만 원이더라도, 부가가치세 3만 원에 대해 돌려받을 수 없습니다.

차량 가격의 10% 돌려받을 수 있다던데요?

학원은 통학차량 운행을 위해 9인승 이상의 차량을 구입하거나 임차하는 경우가 많습니다. 이때 사업자에 해당하면 차량 구입 가격의 10%를 돌려받을 수 있다는 영업 사원의 안내를 듣고 구입 계획을 세우시는 경우가 많습니다.

하지만 구입 가격의 10% 환급은 일부만 맞는 이야기입니다.

학원사업자 중 부가가치세가 면제되지 않는 일반과세자에 해당할 경우, 매입세액인 10%를 부가가치세 신고 과정에서 매입세액공제로 돌려받을 수 있습니다. 하지만 부가가치세가 면제되는 면세사업자의 경우 부가가치세 매입세액공제를 받을 수 없습니다.

따라서 영업사원이 "사업자면 10% 돌려받을 수

1-4 면세사업자는 환급을 못 받는다고요?

매입세액 불공제란?

부가가치세 납부세액은 매출세액에서 매입세액을 빼는 구조로 계산됩니다.

예를 들어, 수강료 입금액이 110만 원이고 매입으로 지출한 총 금액이 33만 원인 과세사업자의 경우를 보겠습니다. 이 중 부가가치세에 해당하는 매출세액 10만 원에서 매입세액 3만 원을 차감한 7만 원에 대해 부가가치세를 납부하게 됩니다. 즉, 매입지출액 33만 원 중 부가가치세 3만 원을 납부할 부가가치세에서 차감하는 방식으로 돌려받게 되는 것입니다.

하지만 면세사업자는 부가가치세가 면제되므로,

- B학원(부가가치세 면제): 같은 수강료 10만 원을 받더라도 학부모님께 부가가치세를 따로 청구하지 않아 총 10만 원만 받으면 됩니다.

부가가치세가 면제되면 학부모님이 부담하는 수강료가 상대적으로 낮아지기 때문에, 학원은 가격 경쟁력을 확보할 수 있습니다. 이는 수강생(소비자)뿐만 아니라 학원 원장님(사업자)에게도 체감할 수 있는 혜택으로 작용합니다.

면세면 세금 안 내도 되는 건가요?

면세는 "부가가치세" 면제만을 의미합니다. 따라서 개인사업자의 종합소득세, 법인사업자의 법인세는 면제되지 않습니다. 부가가치세는 계산 구조가 단순하고 명확하여 소득공제나 세액공제로 절세할 수 있는 방법이 제한적인 반면, 종합소득세나 법인세는 각종 소득공제, 세액공제로 세금을 절약할 수 있는 방법이 다양한 편입니다.

1-3
면세면 좋은 건가요?

부가가치세 면세는 곧 가격 경쟁력

면세를 적용받은 원장님은 소비자(수강생)로부터 부가가치세 10%를 받아 납부하지 않아도 되는 혜택을 얻습니다. 따라서 면세를 적용받지 못한 학원에 비해 수강료를 10% 더 저렴하게 받을 수 있어 가격 경쟁력을 갖게 됩니다.

예를 들어, A학원과 B학원을 비교해 보겠습니다.

- A학원(부가가치세 대상): 학부모님께 수강료 10만 원을 받으려면, 부가가치세 10%를 포함해 총 11만 원을 청구해야 하며, 이 중 1만 원은 세금으로 납부합니다.

■ 체육시설의 설치·이용에 관한 법률 시행규칙 [별지 제15호서식] <개정 2019. 6. 25.>

(앞쪽)

제 호

체육시설업 신고증명서

1. 상호:

2. 영업소 소재지:

3. 성명(대표자):　　　　　　　　(생년월일:　　　　　)

4. 주소

5. 업종:

「체육시설의 설치·이용에 관한 법률」 제20조에 따라 위와 같이 신고하였음을 증명합니다.

년　　월　　일

**특별자치시장 · 특별자치도지사 ·
시장 · 군수 · 구청장**　　[직인]

210㎜×297㎜[백상지(150g/㎡)]

■ 학원의 설립·운영 및 과외교습에 관한 법률 시행규칙 [별지 제22호의2서식] <개정 2024. 6. 18.>

(앞쪽)

개인과외교습자 신고증명서

신고제 호

성명		생년월일		사진 (3cm × 4cm)
주소		(전화번호:)		
학력 및 전공				
자격				
경력				

교습과목 및 교습비등

교습비등 교습과목	초등학교	중학교	고등학교
	월 원 (1시간당 원)	월 원 (1시간당 원)	월 원 (1시간당 원)
	월 원 (1시간당 원)	월 원 (1시간당 원)	월 원 (1시간당 원)
교습장소			

※ 교습비등은 1행당 금액을 말합니다.

「학원의 설립·운영 및 과외교습에 관한 법률」 제14조의2제4항에 따라 위와 같이 개인과외교습자로 신고하였음을 증명합니다.

년 월 일

○ ○ 교 육 지 원 청 교 육 장 직인

학원은 면세사업자라던데요?

■ 학원의 설립·운영 및 과외교습에 관한 법률 시행규칙 [별지 제17호서식] <개정 2019. 6. 19.>

신고 제 호			
<div align="center">**교습소설립·운영신고증명서**</div>			
교습소명			사진 (3cm×4cm)
교습자	성명	생년월일	
교습과목		부제 횟수:	
교습장소 (주소)			

「학원의 설립·운영 및 과외교습에 관한 법률」 제14조제4항에 따라 위와 같이 교습소로 신고하였음을 증명합니다.

년 월 일

○ ○ 교 육 지 원 청 교 육 장 직인

참고: 인허가증

■ 학원의 설립·운영 및 과외교습에 관한 법률 시행규칙 [별지 제3호서식] <개정 2019. 1. 10.>

제　　호

학원설립·운영등록증명서

1. 목적
2. 명칭
3. 설립자
4. 위치
5. 학원의 종류 및 교습과정
6. 정원

「학원의 설립·운영 및 과외교습에 관한 법률」 제6조에 따라 위와 같이 학원으로 등록하였습니다.

년　　월　　일

○○교육지원청 교육장 직인

※ 유의사항

관계 규정을 준수하고, 원칙에서 정한 바에 따라 학원을 운영하시기 바랍니다.

210㎜×297㎜[백상지(150g/㎡)]

슬링, 우슈 학원
- 체육교습업: 13세 미만 어린이를 대상으로 월 30일 이상 농구, 수영, 야구 등 운동을 교육하는 체육교습업

학원, 교습소, 공부방 인허가 비교표

구분	학원	교습소	개인과외교습자(공부방)
학력	학력 무관 (강사: 전문대학 이상)	전문대학 이상	고등학교 이상
교육청	허가제	허가제	신고제
시설	상가 (제2 근린생활시설)	상가 (제2 근린생활시설)	주택 (교습사/학생의 주거지)
동시간대 인원	10명 이상	9명 이하	9명 이하
통학차량	어린이보호차량 운행 가능	어린이보호차량 운행 가능	운행 불가
강사채용	가능	불가	불가
과목	여러 과목	1과목만 가능	여러 과목
상호	고유명칭 +'학원'	고유명칭 +과목+'교습소'	별도 명칭 사용 불가

교육청 인허가

학원, 교습소, 공부방은 모두 교육청에서 관할하는 행정 절차를 통해 인허가를 받습니다. 하지만 각 시설의 인허가 요건에는 차이가 있습니다.

- 공부방: 신고만으로 **개인과외교습자신고증명서**를 교부받을 수 있습니다.
- 학원과 교습소: 시설 요건을 충족한 후 심사를 거쳐야 허가를 받을 수 있습니다. 허가 후 **학원설립·운영등록증명서** 또는 **교습소설립·운영신고증명서**가 발급됩니다.

시·군·구청 인허가

체육 관련 교육 시설은 교육청이 아닌 관할 시·군·구청에서 체육시설업 신고를 해야 합니다. 체육시설업 신고를 마친 후 **체육시설업신고증명서**를 발급받게 됩니다.

- 체육 도장: 태권도, 합기도, 검도, 유도, 권투, 레

1-2 주무관청의 인허가

사업자등록 전 인허가부터!

원장님께서 부가가치세를 면제받는 면세사업자로 등록하기 위해서는 아래 순서와 같이 세무서에 사업자등록을 신청하기 전에 교육청 등 주무관청에서 인허가를 먼저 받아야 합니다.

1. 교육청 또는 시·군·구청에서 인허가 취득
2. 발급받은 인허가증을 첨부하여 세무서에 사업자 등록 신청
3. 부가가치세가 면제되는 "면세사업자"로 사업자 등록증 발급

무도학원과 자동차운전면허학원은 주무관청의 인허가 여부와 관계없이 면세 대상에서 제외됩니다.

장님은 수강료에 포함된 부가가치세를 받아 세무서에 납부하는 중간 통로 역할을 할 뿐입니다.

교육서비스업의 부가가치세 면세

세법은 일부 재화와 용역의 공급에 대해 특정한 요건을 충족하는 경우, 부가가치세를 면제해 주는 혜택을 줍니다. 면세가 적용되는 교육용역의 범위와 요건은 법적으로 세부 사항이 규정되어 있으며, 이를 충족해야만 면세 혜택을 받을 수 있습니다.

가장 중요한 요건은 다음과 같습니다.

주무관청의 허가 또는 인가를 받거나 주무관청에 등록 또는 신고된 학원, 강습소, 훈련원, 교습소 등에서 학생이나 수강생에게 지식 또는 기술을 가르치는 경우.

즉, 같은 교육용역을 제공하는 학원이라도 주무관청의 인허가를 받지 않으면 부가가치세 면제를 적용받을 수 없습니다. 이는 학원 개원 시 반드시 인허가를 먼저 받아야 하는 중요한 이유입니다.

한편, 모든 교육용역이 면세되는 것은 아닙니다.

1-1 면세사업자란?

부가가치세

부가가치세는 사업자라면 반드시 이해해야 할 필수 세목 중 하나입니다. 부가가치세는 소비자가 물건을 구매하거나 서비스를 이용할 때 지불하는 금액에 10%가 추가되는 소비세입니다.

예를 들어, 수강료가 10만 원인 경우를 생각해 보겠습니다. 원장님은 10만 원의 10%인 1만 원을 추가한 11만 원을 수강생으로부터 받아, 부가가치세 1만 원을 세무서에 납부해야 합니다.

여기서 중요한 점은, 이 세금은 원장님의 세금이 아니라는 것입니다. 학부모님이 교육서비스를 소비하면서 수강료를 지불할 때 부담하는 것이며, 원

학원을 개원하려고 준비하시는 원장님들이 가장 먼저 궁금해하시는 것 중 하나가 바로 "학원은 부가가치세를 내야 하나요?"입니다. 결론부터 말씀드리면, 대부분의 학원은 부가가치세가 면제되는 '면세사업자'에 해당합니다. 하지만 이 면세 혜택을 받기 위해서는 반드시 충족해야 할 요건이 있습니다. 이번 장에서는 면세사업자가 무엇인지, 어떤 요건을 갖춰야 하는지 자세히 알아보겠습니다.

PART 1

학원은 면세사업자 라던데요?

짐없이 신고해야 합니다.

계산서합계표는 1년간 발행한 계산서와 받은 계산서를 정리한 표입니다. 학원이 다른 사업자에게 계산서를 발행했거나, 비용 지출 시 계산서를 받은 내역을 모두 작성하여 제출해야 합니다. 이를 누락하면 가산세가 부과되므로 주의해야 합니다.

학원사업자수입금액검토표

학원사업자의 경우 첨부 서류로 학원사업자수입금액검토표를 제출해야 합니다. 이 서류는 학원의 수강생 수, 수강료 단가, 과목별 매출 등을 상세히 기재하는 표입니다. 학원사업자수입금액검토표는 교육청에 신고한 정보와 일치하도록 실질에 맞게 정확히 작성해야 합니다.

10-2 사업장현황신고서 작성 방법

사업장현황신고서는 홈택스를 통해 전자신고하거나, 서면으로 세무서에 제출할 수 있습니다. 대부분의 원장님들은 세무 대리인을 통해 신고하지만, 신고서의 주요 내용을 이해하고 있으면 신고 과정에서 누락을 방지할 수 있습니다.

수입금액과 계산서합계표

수입금액은 전년도 1년간 발생한 모든 매출을 의미합니다. 수강료뿐만 아니라 피복비, 재료비 등 학원에서 받은 모든 수입을 포함해야 합니다. 현금영수증, 계산서, 신용카드 매출 등을 모두 합산하여 빠

해당하는 가산세가 부과됩니다.

- 종합소득세 신고 시 정확한 수입금액을 집계하기 어렵습니다. 사업장현황신고는 매출과 매입을 정리하는 과정이므로, 이를 하지 않으면 나중에 종합소득세 신고가 복잡해집니다.
- 수입금액증명원을 발급받을 수 없습니다. 수입금액증명원은 대출이나 각종 증명이 필요할 때 사용되는데, 사업장현황신고를 하지 않으면 발급이 불가능합니다.

누가 신고해야 하나요?

개인 면세사업자가 신고 대상입니다. 학원은 대부분 면세사업자이므로 사업장현황신고 대상에 해당합니다. 또한, 연중 폐업한 경우에도 다음 연도 2월 10일까지 마지막 사업장현황신고서를 제출해야 합니다. 사업장이 여러 개인 경우 각각 사업자등록번호별로 신고서를 작성하여 제출합니다.

법인 학원의 경우 사업장현황신고서는 제출하지 않고, 계산서합계표만 별도로 제출하며, 과세사업자는 부가가치세 신고를 하므로 사업장현황신고를 하지 않습니다.

신고하지 않으면 어떻게 되나요?

사업장현황신고를 하지 않으면 여러 가지 불이익이 발생합니다.

◦ 계산서합계표 미제출 가산세가 부과됩니다. 계산서합계표는 사업장현황신고에 포함되는 서류로, 이를 제출하지 않으면 공급가액의 0.5%에

10-1
사업장
현황신고란?

사업장현황신고는 면세사업자가 전년도 사업 실적을 세무서에 보고하는 제도입니다. 과세사업자는 부가가치세 신고를 통해 사업 현황을 파악할 수 있지만, 면세사업자는 부가가치세 신고 의무가 없기 때문에 별도로 사업장현황신고를 해야 합니다.

언제 신고하나요?

전년도 1월부터 12월까지의 사업 현황에 대해 다음 연도 2월 10일까지 신고해야 합니다. 예를 들어, 2025년 사업 실적은 2026년 2월 10일까지 신고하면 됩니다.

사업장현황신고 언제, 누가, 어떻게?

사업장현황신고는 매년 2월 10일까지 전년도 수입과 지출 내역을 세무서에 신고하는 절차입니다. 주로 부가가치세 면세사업자인 학원, 병원 등이 대상입니다. 홈택스에서 온라인으로 신고할 수 있으며, 신고하지 않으면 가산세가 부과될 수 있습니다.

PART 10

사업장현황 신고 언제, 누가, 어떻게?

로 주의해야 합니다.

양도차익도 소득이에요

중고 차량을 판매하면서 발생한 차익은 사업소득으로 과세됩니다. 차량의 장부가액보다 높은 가격으로 판매했다면, 그 차액은 소득에 포함되어 종합소득세 또는 법인세가 부과됩니다.

지원금도 세금이 붙어요

노후차량 폐차 지원금, LPG차 전환 지원금, 전기차구입 보조금 등 차량과 관련하여 받는 각종 지원금은 수입금액에 포함됩니다. 지원금을 받았다면 반드시 장부에 기록하고 세금 신고 시 수입금액에 포함해야 합니다.

다만 지원금을 받아 차량을 구입한 경우, 해당 차량에 대한 감가상각비는 정상적으로 비용 처리할수 있으므로 결과적으로 실제 내가 구입을 위해 지출한 순 비용에 대하여 절세 효과를 보게 됩니다.

9-4

중고 판매, 차량지원금
이것 놓치면 안 돼요!

중고로 판매할 때는 계산서 발급!

학원차량을 중고로 판매하는 경우, 이는 사업용 자산을 공급하는 것이므로 반드시 계산서를 발급해야 합니다. 과세사업자인 학원이라면 차량 판매가액에 부가가치세 10%를 포함하여 받아야 하며, 세금계산서를 발급하고 부가가치세에 대하여 신고하고 납부해야 합니다.

예를 들어 학원에서 사용하던 차량을 500만 원에 중고차 매매상에 판매했다면, 면세사업자는 500만 원에 대한 계산서를 발급하고, 과세사업자는 550만 원을 받고 세금계산서를 발급해야 합니다. 계산서를 발급하지 않으면 미발급 가산세가 부과되므

핵심은 적격영수증 수취

어떤 방식을 선택하든, 세무상 가장 중요한 것은 적격영수증을 제대로 받는 것입니다.

할부로 구입하는 경우, 차량 대금은 카드 매입이나 세금계산서로 받아야 하며, 캐피탈을 이용한 매입 부분에 대해서도 세금계산서 수취 대상입니다. 카드로 결제할 경우 사업용 카드로 등록한 후 결제하거나, 사업자번호로 세금계산서를 수취해야 합니다.

리스나 렌트의 경우에도 마찬가지입니다. 매월 납부하는 리스료나 렌트료에 대해 세금계산서를 발급받아야 비용 처리가 가능합니다. 계약 시 반드시 사업자 명의로 계약하고, 세금계산서 발급을 요청해야 합니다.

등이 렌트료에 포함되어 있어 관리가 편리합니다.

세금 처리는 다 똑같다?

결론부터 말씀드리면, 세법상 세 가지 방식 모두 동일하게 처리됩니다. 어떤 방법을 선택하든 업무용 승용차 관련 비용은 연간 1,500만 원 한도 내에서 비용 처리가 가능합니다. 할부로 구입한 경우 감가상각비와 이자 비용을, 리스의 경우 리스료를, 렌트의 경우 렌트료를 각각 비용 처리하게 되며, 이들은 모두 동일한 한도 규정을 적용받습니다.

　세금 처리가 동일하다면, 무엇을 기준으로 선택해야 할까요? 바로 원장님의 현금흐름과 차량 사용계획입니다. 단기간(2~3년)에 차량을 교체할 계획이라면 리스나 렌트가 유리합니다. 초기 자금 부담이 적고, 새 차를 자주 바꿀 수 있다는 장점이 있습니다. 특히 렌트는 각종 세금과 보험료가 포함되어 있어 관리가 편리합니다. 반면 장기간 동일한 차량을 사용할 계획이라면 할부 구입이 경제적입니다. 할부금을 모두 상환한 후에는 추가 비용 없이 차량을 계속 사용할 수 있기 때문입니다.

9-3

리스 vs. 렌트 vs. 할부, 어떻게 구입할까?

리스 vs. 렌트 vs. 할부

학원차량을 마련할 때 원장님들은 리스, 렌트, 할부 중 어떤 방법을 선택해야 할지 고민하게 됩니다.

할부는 차량을 직접 구매하되, 카드 대금을 분할해서 지불하는 방식입니다. 차량의 소유권은 원장님에게 있습니다.

리스는 리스회사가 차량을 구매한 후, 원장님이 일정 기간 동안 사용료를 지불하며 차량을 이용하는 방식입니다. 계약 종료 후 차량을 반납하거나 잔존가치를 지불하고 인수할 수 있습니다.

렌트는 렌트회사 소유의 차량을 임대료를 내고 빌려 쓰는 개념입니다. 보험료, 자동차세, 정비비용

학원차량과 업무용 승용차　　　　153

련한 용도로 사용한 것이 맞다는 사실을 충분히 증명할 수 있는 근거 자료 준비가 중요해집니다.

하고 있습니다. 단, 간편장부 대상자에 대해서는 세법상 제한을 두고 있지 않으므로 법인사업자 또는 복식부기의무자에 해당하는 경우 특히 더 집중하여 기억해 주시기 바랍니다.

학원의 승용자동차 비용

학원은 업종 특성상 학원 운행 차량이 있는 경우가 대부분입니다. 아이들의 등하원 시 이용할 수 있는 차량은 반드시 일정 요건을 충족한 어린이보호차량으로만 제한되고, 승용차 이용은 법적으로 금지되어 있으므로 실질적으로 승용자동차를 학원 업무에 사용하는 빈도는 다른 업종에 비해 적은 편입니다.

그러함에도 불구하고 학원도 체험학습을 위한 선생님들의 이동, 사업장으로의 출퇴근, 외부 강의를 위한 이동 수단 등 사실관계에 따라 승용자동차 사용도 사업을 운영하며 충분히 동반될 수 있습니다. 따라서 학원의 경비로 승용차 관련 비용을 반영할 경우, 국세청의 소명 요청을 대비하여 실제로 승용차를 개인적인 용도가 아닌 학원의 운영과 관

9-2

승용자동차도
비용 처리가 되나요?

업무용 승용차란?

업무용 승용차란 사업용으로 사용하는 8인승 이하 승용차를 말합니다. 경차, 화물차, 승합차, 9인승 이상의 자동차는 업무용 승용차에서 제외됩니다. 따라서 학원운행 어린이보호차량으로 사용되는 9인승 이상의 스타렉스, 카니발, 어린이버스 등은 업무용 승용차에 해당하지 않습니다.

업무용 승용차에 대한 세법 제제

세법은 업무용 승용차에 대하여 다양한 제제를 가

150   PART 9

9-1

학원차량 어디까지 비용 처리되나요?

학원차량으로 사용하는 어린이보호차량 등 9인승 이상 차량의 경우 세법상 업무용 승용차에 해당하지 않아 한도 없이 실제 사용금액에 대하여 전액 비용 반영이 가능합니다.

차량 관련 비용이란 차량의 구입, 임차 및 유지비용이 모두 포함됩니다.

사업자가 차량을 사용할 때, 그 차량이 사업과 직접 관련된 용도인지에 따라 세금 처리 방식이 달라집니다. 학원차량은 학생 통학 등 학원 운영에 직접 사용되므로 업무용으로 인정되어 차량 비용을 경비 처리할 수 있습니다. 반면 일반 업무용 승용차는 개인 사용이 섞일 수 있어 운행기록부 작성 등 요건을 충족해야 경비로 인정됩니다.

PART 9

학원차량과
업무용 승용차

단, 두루누리 지원은 이 달의 보험료를 기한 내잘 납입한 경우, 다음 달 보험료 고지액에서 지원금을 차감한 나머지 금액만 고지하는 방식으로 지원됩니다. 따라서 보험료 연체가 발생할 경우 두루누리 지원 대상에서 제외될 수 있으므로 유의하여야 합니다.

지원 요건

지원 요건은 매년 최저임금 인상에 따라 달라지며, 2025년 기준으로는 다음과 같습니다.

○ **사업장 요건**: 근로자 수가 10명 미만인 사업장이어야 합니다.
○ **근로자 요건**: 월 보수가 270만 원 미만인 근로자에 대해 지원합니다.
○ **지원 대상**: 근로자가 취득신고 당시 신규가입자 또는 기존 가입이력 여부 등 일정 요건을 충족하는 경우 지원 가능합니다.

지원 내용

근로자에 대한 보험료 중 근로자 부담분과 사업주 부담분 모두에 대하여 국민연금 및 고용보험료의 최대 80%까지 지원됩니다. 특히 국민연금의 경우, 보험요율이 9%에 달하여 4대보험료 중 높은 부담 비율을 가지고 있기 때문에, 지원 요건에 해당하는 경우 반드시 지원 신청을 하는 것이 유리합니다.

8-4

4대보험료 아끼고 싶다면,
두루누리 지원 제도

소규모 사업장을 위한 지원 제도

직원을 고용하게 되면 근로자의 총 보험료 중 절반
이 넘는 보험료를 사업자가 부담하게 되는데, 4대
보험요율을 합하면 회사 부담분은 근로자 급여의
10%에 달합니다. 소규모 사업장에게는 부담이 될
수 있는 금액입니다.

두루누리 사회보험료 지원 제도는 이러한 소규
모 사업장에서 근로자와 사업주의 4대보험 부담을
줄여주기 위한 정부 지원 제도입니다.

어린이 통학버스 기사님의
고용·산재 보험 가입

13세 미만 아이들의 통학을 위하여 9인승 이상의
어린이 통학버스를 운전하는 기사님의 경우, 근로
자에 해당하지 않더라도 특수 형태 근로 종사자로
분류된다면 고용보험과 산재보험 가입이 의무입
니다.

와 지자체에 납부하는 것과 같은 원리입니다. 공제한 보험료는 매월 다음 달 10일까지 공단에 납부하여야 하며, 근로자의 보험료와 사업주 본인 보험료를 합산해 납부해야 합니다.

4대보험 가입 예외

만 60세 또는 65세가 지나 국민연금 또는 고용보험 가입 대상에서 제외되는 경우, 국민연금 및 건강보험 가입대상에 해당하지 않는 단시간근로자를 고용하는 경우 등 예외적인 상황에서는 4대보험 중 일부 보험만 가입을 하게 됩니다.

료율은 업종에 따라 다르며, 업무 중 발생하는 재해를 대비하는 보험입니다.

이해가 쉽도록 예시를 들어보겠습니다. 급여가 100만 원인 직원을 고용하는 경우 근로자와 사업자가 각각 부담해야 하는 근로자의 4대보험료를 계산해 보겠습니다. (보험요율은 2026년 적용 예정 요율, 산재보험요율은 0.76%로 가정하겠습니다.)

급여가 100만 원인 경우 4대보험료 예시

(단위: 원)

부담자	국민연금	건강보험	장기요양보험	고용보험	산재보험	합계
사업자	45,000	35,950	4,724	11,500	7,600	104,140
근로자	45,000	35,950	4,724	9,000	0	94,040
합계	90,000	71,900	9,448	20,500	7,600	198,180

보험료 납부

사업자는 매월 직원의 급여를 기준으로 4대보험료를 산정하여 근로자가 부담해야 하는 보험료는 급여를 지급할 때 공제하여 사회보험 공단에 납부해야 합니다. 급여 지급 시 원천세를 공제하여 세무서 근로자의 4대보험에 대한 보험료를 근로자와 함께 공동 부담하게 됩니다. 각 보험에 따른 부담 비율은 다음과 같습니다.

사업자와 근로자의 4대보험 부담 비율

부담자	국민연금	건강보험/장기요양	고용보험(실업급여)	고용보험(고용안정)	산재보험
사업자	50%	50%	50%	100%	100%
근로자	50%	50%	50%	0%	0%

○ **국민연금**: 근로자와 사업자가 각각 50%씩 부담합니다. 근로자 급여의 9%를 기준으로 산정되며, 절반씩 나눠서 납부합니다.

○ **건강보험**: 근로자와 사업자가 각각 50%씩 부담합니다. 급여의 약 7.19%를 기준으로 산정되며, 이 외에 장기요양보험료(건강보험료의 약 13.14%)도 함께 납부합니다.

○ **고용보험**: 실업급여에 해당하는 보험료는 근로자와 사업자가 각각 50% 부담(총 1.8%)합니다. 추가적으로 사업자는 고용안정 및 직업능력 개발 부담금도 추가로 부담합니다(0.25%~0.85%).

○ **산재보험**: 전액 사업자가 부담합니다. 산재보험

8-3

4대보험료
얼마나 나올까?

직원 고용으로 인한 직장가입자 전환

국민연금과 건강보험에 대해 지역가입자로 적용받던 사업주가 근로자를 고용하면 직장가입자로 전환됩니다.

근로자를 처음 채용한 사업자는 근로자의 4대보험 가입을 위해 사업장 가입 신고를 해야 합니다.

직원의 4대보험료 얼마나 나올까?

직원 고용 시, 급여의 일정 비율에 대하여 사회보험료를 납부해야 하는 의무가 발생합니다. 사업자는

험 자격 탈퇴를 신고하는 절차입니다.

직원 보수총액 신고

매해 3월 15일까지 근로자의 연간 급여 총액을 신고하는 정기 절차입니다. 고용보험과 산재보험 정산을 위해 반드시 제출해야 합니다.

대표자의 보수총액 신고

개인사업자는 연 1회 매년 5월 말까지 종합소득세 신고로 확정된 소득금액을 기준으로 국민연금공단에 소득총액신고서와 건강보험공단에 직장가입자 보수총액통보서를 신고해야 합니다.

8-2

4대보험
신고 종류

사업장 성립 신고

직원을 처음 고용하여 4대보험에 처음 가입한다면,
먼저 사업장 정보를 기관에 등록하는 절차가 필요
합니다. 국민연금공단, 국민건강보험공단, 근로복
지공단 중 한 곳 또는 4대사회보험정보연계센터에
서 가능합니다.

자격 취득 신고와 상실 신고

직원을 채용한 경우 직원의 4대보험 자격을 취득
신고하고, 직원이 퇴사했을 때 해당 직원의 4대보

- **건강보험**: 질병이나 부상으로 인한 의료비 부담을 줄이기 위해 지원받는 보험입니다.
- **고용보험**: 실직 시 실업급여 등을 통해 생활 안정을 돕는 보험입니다.
- **산재보험**: 업무 중 발생한 사고나 질병에 대해 치료비 및 보상금을 지원하는 보험입니다.

사업자의 4대보험 가입

근로자를 고용하지 않고 1인 기업으로 사업을 영위하면 사업에서 벌어들인 본인의 소득에 따라 국민연금과 건강보험에 지역가입자로 가입하게 됩니다. 근로자를 1인 이상 고용하게 되면 사업자는 자신의 보험료뿐만 아니라 근로자의 보험료도 함께 부담하는 직장가입자가 되며, 이를 통해 근로자들의 생활 안정과 복지를 보장합니다.

8-1

4대보험이란?

대한민국의 4대보험 제도

4대보험은 대한민국에서 근로자와 사업자가 의무적으로 가입해야 하는 사회보험 제도입니다. 소득이 없어 가족 구성원의 부양가족으로 등록이 되어 있다가, 사업을 운영하거나 직장을 갖게 되어 소득이 발생되기 시작하면, 사회보험에 가입하여 납부해야 하는 의무가 생깁니다.

4대보험은 국민연금, 건강보험, 고용보험, 산재보험으로 구성되어 있습니다.

○ **국민연금**: 노후에 소득이 없을 때 일정 금액을 연금으로 지급받는 제도입니다.

직원을 고용하게 되면 사업주는 근로계약 체결과 함께 4대보험 가입 의무가 발생합니다. 4대보험은 국민연금, 건강보험, 고용보험, 산재보험으로 구성되며, 이는 근로자의 노후·질병·실업·산업재해에 대비하기 위한 제도입니다.

PART 8

직원 고용과 4대보험 가입

4. 소득증명서류

회사뿐만 아니라 근로자 또한 불이익이 있을 수 있습니다. 소득증명서류가 근로자용으로 발급되지 않는다는 점에서 이러한 문제가 발생합니다. 대출기관 등 금융 기관에 소득증명서류를 제출해야 하는 상황에서, 대부분의 대출 기관은 비교적 변동성이 큰 사업소득자의 소득금액증명보다 안정적인 근로소득자의 소득금액증명원을 더 높은 점수로 평가합니다.

또한 고용보험에 가입하지 않았으므로 실업급여 등 보험 제도에 따른 혜택을 받지 못합니다.

가짜 3.3, 어떤 불이익이 있나요?

1. 4대보험의 소급 부과

근로자의 4대보험 가입은 선택이 아닌 의무입니다. 만약 이를 위반하여 가입하지 않았다면, 적발 시 과거분에 대한 보험료가 사업주에게 소급 부과됩니다. 이는 근로자와의 합의 여부와 관계없이 면제되지 않습니다.

2. 노동법 적용

세금 신고 시 소득 신고 유형을 사업소득자로 가장하였다고 하더라도 실질이 근로계약의 형태를 띠는 경우, 근로자와 마찬가지로 노동법의 적용을 받습니다. 따라서 퇴직금 등 지급 의무가 있으며, 최저임금을 준수하여야 하고, 부당해고 등에 대해서도 노동법의 규제를 받게 됩니다.

3. 지급명세서 가산세

근로소득자를 사업소득자로 신고하거나 반대로 신고할 경우, 지급명세서의 오류로 가산세가 부과됩니다. 이는 사실과 다른 지급명세서 제출로 간주되어 추가 비용 부담이 생깁니다.

학원의 인건비 처리 A to Z

표에 의하여 계산된 소득세를 차감한 금액을 지급받아야 하는 반면, 사업소득자였다면 3.3% 원천세만 차감하고 지급되어 당장 지급받을 수 있는 금액이 커지기 때문에 근로자 본인이 4대보험 가입을 거부하는 경우도 많습니다.

가짜 3.3이란?

이러한 4대보험료 부담의 회피와 비교적 간편한 신고 절차를 위해 실질은 근로계약에 해당하는데도 불구하고 사업자와 근로자가 합의하여 마치 사업소득자에 해당하는 것처럼 포장하여 거짓 신고하는 경우가 발생합니다. 즉, 원래는 근로소득·4대보험 신고를 해야 하는데, 사업소득자로 위장해 단순히 3.3%만 신고하는 것입니다.

최근에는 노동부가 이러한 가짜 3.3 계약을 잡아내기 위한 전수조사에 나선다는 소식이 전해지며, 중대한 이슈로 떠오르고 있습니다.

7-4

가짜 3.3%
그게 뭐길래?

직원 4대보험료가 너무 부담돼요

근로자의 경우 회사에서 부담하는 사회보험료 및 지켜야 할 의무가 많은 반면, 사업소득자는 본인의 책임하에 대부분의 의무가 이행되어 회사의 책임이 가벼워 보입니다.

급여 지급 시 근로자의 경우 근로자의 사회보험료 중 약 11%를 회사가 대신 부담해야 하는 반면, 사업소득자의 경우 3.3%에 해당하는 사업소득자 본인의 세금만 떼서 대신 납부하면 되기 때문에 금액적인 부분과 세금 절차 또한 간편해 보입니다.

또한, 근로자 입장에서도 4대보험에 가입할 경우 급여를 지급받을 때 사회보험료 약 9%와 간이세액

학원의 인건비 처리 A to Z　　　　　　　　　　129

4대보험	사업주 부담 있음	사업주 부담 없음
근로기준법 등 적용	퇴직금, 연차휴가 등 법적 보호	법적 근로조건 보호 없음(스스로 책임)
예시	학원에서 정해진 시간표에 따라 수업하는 전임 강사	여러 학원에서 필요할 때만 출강하는 외부 강사

7-3

4대보험 근로자
vs. 3.3% 사업소득자

'근로자'와 '사업소득자(프리랜서)'는 계약 형태와 세금 지급 방식이 다릅니다. 비교 표를 통해 자세히 알아보겠습니다.

근로자 vs. 프리랜서

구분	근로자	프리랜서
개념	사업주에게 고용되어 지휘·감독을 받고 일하는 사람	독립적으로 일하고 결과에 대해 보수를 받는 사람
계약 형태	근로계약서 작성(의무)	위탁·용역 계약서 작성
근무 형태	정해진 근무 시간·장소, 출퇴근 있음	자유롭게 시간·장소 선택 가능
업무 지휘·감독	사업주의 지시·감독을 받음	스스로 결정(독립성)

학원의 인건비 처리 A to Z

사업소득

고용관계 없이 독립적이고 반복적·계속적으로 자신의 책임하에 용역을 제공하는 계약 형태입니다. 여러 학원과 계약을 맺고, 자신의 강의 활동에 따라 보수를 지급받는 스타 강사님이 이에 해당합니다.

기타소득

고용관계 없이, 일시적·우발적으로 용역을 제공하는 계약 형태입니다. 일회성 강의 같은 단발성 계약이 이에 해당합니다.

7-2 인건비 신고 유형

인건비의 신고 유형은 계약 형태와 지급 조건에 따라 근로소득, 사업소득, 기타소득 등으로 나뉩니다.

근로소득

고용계약을 맺고, 계속적·종속적 관계에서 근로를 제공하는 계약 형태입니다. 출퇴근 시간이 정해져 있고 월급, 상여금 등 일정한 임금 형태로 지급받습니다.

대표적으로 정규직 강사님, 상담 실장님, 일반적인 직원 등이 이에 해당됩니다.

알바도 인건비 신고 해야 하나요?

아르바이트생에게 지급하는 인건비도 소액이더라 도 지급에 대한 원천세 신고와 지급명세서 제출 과 정이 있어야 가산세 없이 경비 처리가 가능합니다. 계약의 성격에 따라 근로소득, 기타소득, 사업소득 등으로 구분하여 신고합니다.

원장인 내 월급도 인건비 신고 해야 하나요?

개인사업자의 경우, 사업자 본인이 가져가는 월급 은 인건비 신고 대상이 아닙니다. 나의 사업에서 벌 어들인 소득을 가져가는 것이기 때문입니다.

법인사업자의 경우, 대표자가 가져가는 월급은 반드시 급여로 처리해야 합니다. 급여 처리 없이 출 금해 간 대표자의 급여는 가지급금으로 간주되어 대표자 상여 등으로 처분됩니다.

7-1

인건비 신고,
꼭 해야 하나요?

학원의 가장 큰 경비, 인건비

학원의 경우 강사료 등 인건비가 경비에서 상당히 큰 비율을 차지합니다. 따라서 이에 대한 경비 처리가 누락되면, 학원의 소득은 크게 계상되고 세금은 더 많이 나올 수밖에 없는 구조입니다.

정규 학원 강사 또는 선생님에게 급여를 지급할 경우, 지급 방식에 따라 적절한 인건비 신고를 처리해야 합니다. 이는 학원의 경비로 반영하기 위해 반드시 필요한 절차입니다.

학원 사업을 운영하다 보면 높은 확률로 인건비가 발생하게 됩니다. 인건비 신고는 근로소득자, 사업소득자, 일용직 근로자, 기타소득자로 구분되며, 유형별로 세금 원천징수 방식과 4대보험료 부과 방식이 다릅니다.

사업주는 인건비를 정확히 신고함으로써 경비 처리를 하고 소득세 및 법인세를 절세할 수 있습니다. 신고하지 않으면 경비 처리가 불가능하므로 사업주의 세금 부담이 늘어날 수 있습니다. 이번 장에서는 학원에서 발생할 수 있는 다양한 인건비 처리 방법에 대해 알아보겠습니다.

PART 7

학원의
인건비 처리
A to Z

사업용 계좌로 받는 습관을 들이는 것이 중요합
니다.

필수 준비물 : 사업용 카드, 사업용 계좌

차명계좌란?

차명계좌란 사업용 계좌 사용 의무를 위반하고 타인 명의 계좌를 사용하는 것을 의미합니다. 이는 배우자나 직원 명의 계좌를 사용하는 것도 포함되며, 특히 법인의 경우 대표이사의 개인 계좌를 사용하는 것도 차명계좌로 간주됩니다.

공동사업자에 해당하는 사업자의 경우 공동사업 구성원의 계좌를 등록하고 사용할 수 있지만, 그 외에 사업자 명의가 아닌 제삼자 명의의 계좌 사용은 모두 차명계좌로 간주됩니다.

차명계좌 사용하면 어떻게 되나요?

차명계좌로 인해 매출 누락이 발생하면 법인세나 소득세 추가 납부와 함께 가산세가 부과됩니다. 세금 탈루 의도가 없고 실수였다고 하더라도 면책되기 어렵습니다.

예외적인 비정기 수입, 예를 들어 체험학습비나 행사비도 사업용 계좌를 통해 처리해야 합니다.

작은 금액이라도 사업과 관련된 입금은 반드시

6-4

차명계좌
사용 금지

배우자 명의 계좌 사용해도 되나요?

사업용 계좌를 사용해야 하는 사업자가 타인 명의의 계좌를 사용하는 것은 차명계좌 사용으로 간주되어 큰 불이익을 받을 수 있습니다. 카드 결제를 통한 수강료뿐만 아니라 체험학습비나 행사비 등 비정기적인 수입도 마찬가지입니다.

특히, 부부가 함께 학원을 운영하는 경우 배우자 명의 계좌를 급여 이체나 거래 대금 결제에 사용하는 실수를 할 수 있습니다. 이러한 문제는 단순히 사업용 계좌 미사용의 문제가 아니라, 차명계좌 사용으로 간주될 수 있습니다.

필수 준비물 : 사업용 카드, 사업용 계좌

장합니다.

사업용 계좌 입출금 내역이
세무 대리인에게 공개되나요?

사업용 카드의 경우 홈택스에 등록하면 사용 내역이 집계되어 수임한 세무 대리인이 조회할 수 있습니다. 하지만 사업용 계좌는 사용 내역이 공개되지 않습니다. 따라서 계좌 입출금 내역이 장부 작성에 필요한 경우, 별도로 사용 내역을 세무 대리인에게 전달해야 합니다.

사업용 계좌 사용 범위

사업 관련 거래 대금을 금융회사 등을 통해 결제하거나 수령하는 경우 및 사업과 관련된 인건비 및 임차료를 지급하거나 수령하는 경우 등, 학원 운영과 관련된 모든 거래는 사업용 계좌를 통해 이루어져야 합니다.

◦ 학원 소모품 및 비품 구입
◦ 강사 인건비 지급
◦ 임차료 납부
◦ 학원 수강료 입금

개인적인 용도로 사용해도 되나요?

사업용 계좌에 개인적인 대금이 입금되거나 출금된다고 하여 가산세 등 불이익이 발생하는 것은 아닙니다. 하지만 사업용 계좌에 개인적인 대금이 입금될 경우, 사업 관련 수입으로 오해받을 수 있어 이를 소명해야 하는 문제가 발생할 수 있습니다. 개인적인 입출금은 별도의 계좌로 분리하는 것을 권

사업용 계좌 신고 방법

개인사업자는 본인 명의 계좌를 홈택스를 통해 사업용 계좌로 신고할 수 있습니다.

∘ 홈택스 〉 증명·등록·신청 〉 세금 관련 신청·신고 공통 분야 〉 사업용·공익법인전용 계좌 개설/조회

홈택스에서 사업용 계좌 등록하기

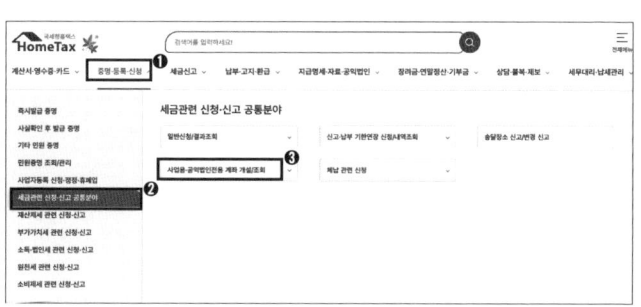

6-3 사업용 계좌의 신고 및 사용

사업용 계좌 사용 의무

사업용 계좌는 사업과 관련된 입금과 출금을 처리하는 계좌입니다. 사업과 관련된 입금과 출금 거래에 대하여 사업용 계좌를 사용해야 합니다.

∘ 법인사업자: 법인 계좌 사용이 의무입니다.
∘ 복식부기의무자 개인사업자: 사업자 명의 계좌를 사업용 계좌로 신고하고 사용해야 합니다.

필수 준비물 : 사업용 카드, 사업용 계좌

여로 처리되어 대표자의 소득세가 부과될 가능성
이 있습니다.

홈택스 등록 안 하면 비용 처리 안 되나요?

사업용 카드 등록을 놓치고 사용했더라도 비용 반
영이 가능합니다. 다만, 홈택스에 이용 내역이 자동
으로 집계되지 않았으므로 카드사로부터 이용 내
역을 다운로드받아 직접 수기로 반영해야 합니다.

　등록하지 않아도 비용 처리는 가능하지만, 자동
집계의 편리함을 놓치게 되므로 가능한 한 카드 발
급과 동시에 바로 등록하는 것이 좋습니다.

화면에 "공제" 또는 "불공제"로 구분된 내역이 신고에 곧바로 반영되는 것으로 오해하는 경우가 있습니다. 하지만 이는 국세청이 결제처를 기준으로 1차적으로 판단한 기준일 뿐이며, 실질에 따라 카드를 사용한 납세자 본인이 명확하게 구분하여 신고에 반영해야 합니다.

사업용 카드로 개인 비용 결제해도 되나요?

개인사업자의 경우, 홈택스에 등록된 사업용 카드를 개인 용도로 사용한 경우 세금 신고 시 이를 사업 비용에서 제외하여 신고해야 합니다.

일시적으로 이러한 결제를 한 것은 신고에서 제외함으로써 문제가 생기지는 않습니다. 하지만 반복적으로 상당한 금액을 개인 용도로 사용할 경우, 국세청 전산망에서 사업 무관한 업소에서 계속적으로 카드를 사용한 것으로 집계되어 불성실한 사업자로 포착될 수 있으므로 유의해야 합니다.

법인사업자의 경우 더욱 주의해야 합니다. 법인 카드로 사업과 무관한 대표자 개인 비용을 지출할 경우, 이는 가지급금으로 보아 대표자가 가져간 급

필수 준비물 : 사업용 카드, 사업용 계좌　　　111

6-2

사업용 카드
사용

사업용 카드를 등록했다고 해서 모든 지출이 자동으로 비용 처리되는 것은 아닙니다. 사업과 관련된 지출만 비용으로 인정받을 수 있습니다.

사업용 카드 등록하면 모두 비용 처리되는 건가요?

등록한 사업용 카드의 이용 내역은 홈택스에 집계되지만, 집계된 내역이 모두 사업 관련 지출로 바로 인정되는 것은 아닙니다. 사업과 무관한 지출이 결제되었다면, 세금 신고 시 제외하고 신고해야 합니다.

간혹 홈택스에서 사업용 카드 이용 내역 조회

니다.

카드의 재발급 또는 신규 발급으로 카드번호가 달라질 경우 새롭게 홈택스에 등록해야 합니다. 카드번호가 변경되면 자동으로 연동되지 않으므로 주의해야 합니다.

더 이상 사용하지 않는 카드를 홈택스에서 삭제하는 경우가 많은데, 삭제하는 순간 해당 카드의 이용 내역이 전부 삭제되어 신고 반영에 누락될 수 있습니다. 이용 내역을 모두 신고에 반영한 이후에 삭제하는 것을 권장합니다.

법인사업자의 사업용 카드

법인사업자는 별도 등록 없이 은행에서 발급받은 법인카드가 사업용 카드로 자동 등록됩니다. 개인사업자처럼 홈택스에 별도로 등록할 필요가 없습니다.

는 카드를 사업자등록번호별로 구분하여 등록해야 합니다. 예를 들어 A학원과 B학원을 함께 운영한다면, 각 학원에서 사용하는 카드를 각각의 사업자등록번호로 등록해야 합니다.

사업용 카드 홈택스 등록 방법

◦ 홈택스 〉계산서·영수증·카드 〉신용카드 매입
  〉사업용 신용카드 등록 및 조회

홈택스에서 사업용 카드 등록하기

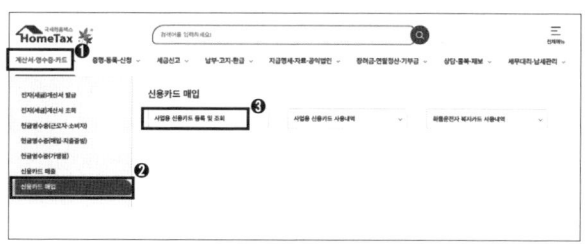

카드는 등록한 달의 사용분부터 이용 내역이 홈택스에 집계됩니다. 따라서 등록한 달 이전의 이용 내역은 집계되지 않습니다. 사업을 개시했다면 가능한 한 빨리 사업용 카드를 등록하는 것이 좋습

6-1

사업용 카드
등록

사업용 카드는 사업 관련 지출을 카드로 결제할 때 사용하는 카드입니다. 홈택스에 등록하면 카드 사용 내역이 자동으로 집계되어 편리하게 관리할 수 있습니다.

개인사업자의 사업용 카드 등록

사업자 명의의 카드만 등록 가능하며, 체크카드와 신용카드 모두 가능합니다. 여러 장도 등록할 수 있으며, 공동사업자 구성원의 카드도 등록할 수 있습니다.

사업장이 여러 개인 경우, 각 사업장별로 사용하

필수 준비물 : 사업용 카드, 사업용 계좌

107

사업에서 벌어들인 돈과 개인 생활에서 쓰는 돈이 섞이면 나중에 세금 신고나 경영 관리를 할 때 큰 혼란이 생길 수 있습니다.

사업용 계좌를 만들고, 사업용 카드를 사용하여 사업에서 발생하는 모든 수입과 지출을 관리하면, 매출을 쉽게 파악할 수 있고 비용 정리도 깔끔해집니다. 또 세무서에서 사업의 매출과 비용을 확인할 때 명확한 자료를 제출할 수 있어, 세금 신고 시 편리하게 처리할 수 있습니다.

PART 6

**필수 준비물 :
사업용 카드,
사업용 계좌**

적격증빙을 수취하는 것은 단순히 서류를 받는 것이 아니라, 합법적으로 경비를 인정받아 세금을 줄이는 정당한 권리를 행사하는 것입니다. 눈앞의 작은 할인에 현혹되지 마시고, 반드시 적격영수증을 받으시기 바랍니다.

면세사업자는 어차피 10% 공제 못 받잖아요?

과세사업자의 경우 사업과 관련된 지출에 포함된 부가가치세 10%를 돌려받을 수 있지만, 면세사업자는 부가가치세를 온전히 부담해야 합니다. 따라서 면세사업자인 학원 원장님 입장에서는 이 제안이 매력적으로 느껴질 수 있습니다.

그러나 이러한 탈법은 장기적으로 큰 손실로 이어질 가능성이 높습니다. 적격증빙 없이 거래하면 세무 신고 시 경비로 인정받을 수 없으며, 이는 결국 높은 세율 구간에서 더 큰 세금 부담으로 돌아옵니다.

예를 들어 인테리어 비용 1,100만 원(부가세 포함)을 지출하면서 "세금계산서 안 끊으면 1,000만 원에 해줄게요"라는 제안을 받았다고 가정해 보겠습니다. 당장은 100만 원을 절약한 것처럼 보이지만, 적격증빙이 없어 1,000만 원을 경비로 인정받지 못하면 어떻게 될까요?

만약 소득세율이 24%라면 1,000만원의 경비 불인정으로 240만 원의 세금이 추가로 발생합니다. 결국 100만 원을 아끼려다 240만 원을 더 내는 결과가 됩니다.

5-4

세금계산서 없이 하면
10% 깎아준대요

10% 왜 깎아준다고 하는 걸까요?

학원을 운영하다 보면 인테리어를 하거나, 비품을 구입하는 등 계약을 통해 다양한 비용을 지출하게 됩니다. 이때 매입처에서 증빙을 발급하지 않고, 현금 결제를 한다는 조건으로 10% 할인을 제안하는 경우가 종종 발생합니다.

이는 현금 결제를 유도해 거래 상대방은 매출과 소득을 누락하고, 구입자의 입장에서는 부가가치세 부담을 회피하도록 유도하는 유혹입니다.

비 처리가 자동으로 될 것이라고 오해하시는데, 계좌이체는 단지 지출 사실을 확인하는 수단일 뿐 적격영수증은 아닙니다.

인건비 신고 안 한 알바 급여, 비용 처리되나요?

인건비로 지출한 비용은 지급명세서 제출을 통해 적격한 지출 증빙을 갖춘 것으로 봅니다. 따라서 원칙적으로는 아르바이트생의 인건비도 원천세 신고와 지급명세서 제출 등의 과정을 거쳐야 세법상 적법하게 비용으로 반영할 수 있습니다.

다만, 이러한 과정을 놓쳤더라도 실제로 지출한 인건비를 증명할 수 있다면 사업 관련 지출로 인정받을 여지가 있습니다. 하지만 세법상 적법한 서류 제출을 누락함에 대하여 지급명세서 가산세 등의 불이익이 발생합니다.

사업용 계좌로 이체하면 비용 처리되죠?

단순히 사업용 계좌를 사용한 것만으로는 적격영수증을 수취한 것으로 인정되지 않습니다. 계좌이체 거래에 대해서는 반드시 세금계산서 또는 현금영수증을 받아야 적격영수증으로 인정받아 가산세 없이 경비로 반영할 수 있습니다.

많은 원장님들이 사업용 계좌로 이체했으니 경

휴대폰 요금 비용 처리되나요?

사업을 운영하면 휴대폰을 사업과 관련하여 사용할 일이 많습니다. 따라서 사업자의 휴대폰은 물론이며 이 외에도 인터넷요금, 전화요금 등 통신비 전부 경비로 인정받을 수 있습니다. 학부모와의 상담, 강사와의 업무 연락 등 사업 목적으로 사용하는 휴대폰 요금은 당연히 경비 처리가 가능합니다.

승용차 주유비 비용 처리되나요?

학원 출퇴근, 외부 출강 등 학원을 운영하며 승용자동차를 사업과 관련하여 사용할 수 있습니다. 따라서 승용차의 구입, 임차 및 주유비 등 유지 비용도 경비로 인정받을 수 있습니다.

다만, 법인 또는 2대 이상의 승용차를 이용하는 복식부기의무자 등은 업무용 승용차 임직원 전용 보험에 가입하여야 하는 등 세법상 업무용 승용차와 관련하여 지켜야 하는 의무사항이 따르므로 승용차 구입 전 세무 전문가와 반드시 상담하는 것을 권장합니다.

만, 학원 사업을 운영하기 위한 학원 임차비용은 사업 관련 지출로 인정받을 수 있습니다. 내 집 구입을 위한 집 담보대출의 이자비용은 경비로 인정받을 수 없지만, 학원 건물 구입을 위한 대출에 대한 이자비용이라면 사업 관련 경비로 인정받을 수 있습니다.

외식비도 비용 처리되나요?

직원의 식사 비용은 복리후생비에 해당하여 비용으로 인정되며, 거래처 또는 고객의 접대를 위한 식사 비용 또한 접대비에 해당하여 비용으로 인정받을 수 있습니다. 하지만 1인 사업자의 본인 식사 비용은 사업 관련 비용으로 인정받을 수 없습니다.

예를 들어 학부모님 상담을 위한 식사 비용, 학원 상담 실장 및 직원들의 점심 식사 비용, 회식비 등은 사업과 관련된 비용으로 인정받을 수 있습니다. 하지만 1인 교습소를 운영하는 사업자가 자신의 식사 비용으로 지출한 외식비는 비용으로 인정받을 수 없습니다.

5-3

비용 처리되는 것,
안 되는 것

사업 관련 비용? 개인 비용?

사업자는 사업과 관련하여 지출한 비용만 경비로 인정받아 세금을 줄이는 데에 도움이 되며, 사업과 무관하게 개인적으로 사용한 비용은 인정받을 수 없습니다.

그렇다면 어떤 게 사업 관련 비용이고, 어떤 게 개인 비용일까요?

구분이 어려우시다면, 이렇게 말씀드리면 이해가 편하실 것 같습니다. "내가 사업을 안 했더라면 지출하지 않아도 되었을 비용"은 사업 관련 비용으로 볼 가능성이 큽니다.

예를 들어 집 월세는 비용 인정을 받을 수 없지

96   PART 5

수증 없이도 실제 지출이 확인되면 경비로 인정
됩니다.

5-2

적격영수증
수취 대상이 아닌 경우

세법에서는 아래와 같은 예외적인 지출은 적격영
수증을 받지 않아도 특별히 경비로 인정해 줍니다.

◦ **인건비**: 원천세 신고와 지급명세서 제출로 적격
증빙을 갈음합니다.
◦ **3만 원 미만 소액 지출**: 영수증이나 간이영수증만
으로도 경비 인정이 가능합니다.
◦ **공공요금**: 전기, 수도, 도시가스 등 공공기관이
발행하는 고지서로 증빙을 대체할 수 있습니다.
◦ **농·어민으로부터 직접 구입**: 사업자등록이 없는
농·어민으로부터 농·수산물을 직접 구입한 경
우, 계산서 없이도 경비 인정이 가능합니다.
◦ **택시비, 버스비 등 대중교통**: 대중교통 이용 시 영

수취합니다. 예를 들어 고정적으로 지출하는 임차료, 관리비, 통신료, 렌탈료 또는 현금으로 결제하는 인테리어, 차량 구입비 등이 세금계산서를 수취하여야 하는 거래에 해당합니다.

사업자용 현금영수증

현금 결제 또는 계좌이체 중 금액이 작거나 고정적인 지출이 아닌 경우 현금영수증을 수취하는 경우가 많습니다. 현금영수증은 세금계산서와 동일하게 적격영수증으로 효력이 인정됩니다.

현금영수증의 종류는 소득공제용과 지출증빙용(사업자용)으로 구분되며, 원장님께서 학원사업을 위하여 지출하는 현금 결제에 대해서는 '지출증빙용(사업자용)'으로 사업자등록번호를 입력하여 수취하여야 적격영수증으로 인정됩니다.

다만, 실수로 사업과 관련된 지출 비용에 대해 소득공제용으로 수취한 경우, 사업 용도로 사용하였음을 증명할 수 있는 서류를 첨부하여 '현금영수증 사업자 용도변경'을 세무서 또는 홈택스를 이용하여 신청할 수 있습니다.

에 등록하여 사용할 경우 사업용 카드로 홈택스에 이용 내역이 집계됩니다. 중요한 점은, 은행에서 사업용 계좌와 연결된 사업자 카드를 발급받더라도 홈택스에 등록하지 않을 경우 사업용 카드 이용 내역으로 집계되지 않는다는 것입니다.

예를 들어 학원차량 구입을 위해 신용카드를 새로 발급받았다면, 홈택스에 먼저 등록한 후 해당 카드로 결제해야 홈택스에 사업용 카드 결제 내역으로 학원차량 구입비가 집계됩니다.

법인사업자의 경우 법인카드로 발급받은 카드가 사업용 카드에 해당하며, 법인카드는 홈택스에 직접 등록하지 않아도 자동 등록됩니다.

세금계산서 및 계산서

카드 결제 외에 현금 결제 또는 계좌이체 결제는 세금계산서 또는 계산서를 받을 수 있습니다. 과세 재화 또는 용역은 세금계산서, 면세 재화 또는 용역은 계산서를 받습니다.

일반적으로 거래 금액이 크거나 계속 반복되는 고정적인 거래에 대해 세금계산서 또는 계산서를

5-1

적격
영수증이란?

사업자가 필요경비 지출액을 장부에 기록하기 위해서는 세법에서 인정하는 적격 증명 서류를 수취하여야 합니다. 즉, 학원과 관련된 비용을 지출할 때에는 아래 세 가지 방법으로 결제해야 합니다.

○ 사업용 카드
○ 세금계산서 또는 계산서
○ 사업자용 현금영수증

사업용 카드

개인사업자는 사업자 본인 명의의 카드를 홈택스

학원을 운영하며 발생하는 모든 지출이 자동으로 경비로 인정되는 것은 아닙니다. 지출을 했어도 적격영수증을 수취하지 못했다면 적법한 경비로 인정받을 수 없습니다. 적격영수증 수취는 사업을 운영하는 사업자에게는 아주 기초적이고 필수적이며, 사업자의 당연한 권리이자 의무입니다.

PART 5

지출은 경비로,
경비는 절세로

이 점을 미리 안내해 드리면 불필요한 오해를 방지
할 수 있습니다.

님으로부터 학원을 양수하기 전의 기간에 대한 교육비납입증명서를 요청받는 상황이 발생할 수 있습니다.

개인사업자의 사업 양수도는 양도 전과 양수 후의 사업자등록번호 및 사업자 성명이 달라지며, 양도 전 기간의 교육비납입증명서는 양도자의 사업자 정보와 성명을 기재해 발급해야 합니다.

양수도 시점에 양도자가 작성한 미취학 아동 수강생에 대한 교육비납입증명서를 미리 학부모님께 교부하거나, 양수자가 다음 해에 교부할 수 있도록 전달하면 이와 같은 상황을 예방할 수 있습니다.

교육비납입영수증은 미취학 아동만!

교육비세액공제는 미취학 아동의 교육비에만 적용됩니다. 따라서 초등학생 이상의 교육비나 성인의 학원비는 공제 대상이 아니며, 이를 발급받더라도 세액공제를 받을 수 없습니다.

많은 학부모님들이 초등학생 자녀의 학원비도 공제받을 수 있다고 오해하시는데, 현행 세법상 학원비 세액공제는 미취학 아동에게만 적용됩니다.

교육비납입증명서 서식

학원을 양수도한다면 기억하세요!

연중 학원을 인수하여 운영을 이어갈 경우, 학부모

전산 발급이 어렵다면 수기 발급

교육비납입증명서를 수기로 발급할 경우, 학부모님은 해당 서류를 본인의 회사에 직접 제출해 연말정산 시 세금공제 혜택을 신청할 수 있습니다. 반면 전자로 제출하는 경우, 학부모님은 홈택스에서 제공하는 연말정산간소화자료를 조회해 해당 자료를 회사에 제출함으로써 세금 공제를 신청할 수 있습니다.

수기로 발급할 때는 소득세법 시행규칙 '별지 제44호서식'을 활용해 작성하면 됩니다. 이 서식은 학부모님께 정확하고 공식적인 증빙 자료를 제공하기 위한 표준 양식으로, 필요한 정보를 빠짐없이 기재해야 합니다.

자료 제출 사전 안내'라는 안내문을 받아본 적이 있으신가요? 이는 홈택스를 통해 학원이 교육비 납입 내역을 전자 제출하도록 협조를 요청하는 관할 세무서의 안내문입니다.

다만, 이는 강제 사항이 아닌 협조 요청이므로 전자가 아닌 수기의 방법으로 작성하여 교부해도 과태료나 불이익은 없습니다. 따라서 상황에 맞게 수기 작성 또는 전자 제출 중 편리한 방법을 선택하면 됩니다.

전자 발급을 선택할 경우, 홈택스를 통해 아래 경로를 이용해 교육비 자료를 제출할 수 있습니다.

○ 홈택스 〉 국세증명·사업자등록·세금 관련 신청/신고 〉 세금 관련 신청·신고 공통분야 〉 일반신청/결과조회 〉 일반세무서류 신청 〉 교육비납입증명서(기타) 자료 제출

학부모님의 교육비 세액공제

교육비납입증명서는 직장인 학부모가 연말정산 시 미취학 자녀의 수강료에 대해 세액공제를 받을 수 있도록 발급하는 서류입니다. 학부모는 수강료에 대해 최대 15%의 세액공제를 받을 수 있으며, 이는 현금영수증 발급 여부와 무관하게 추가적으로 받을 수 있는 혜택입니다.

예를 들어 5세 자녀의 연간 수강료가 200만 원이라면, 학부모는 30만 원(200만 원×15%)의 세액공제를 받을 수 있습니다. 이는 소득공제가 아닌 세액공제이므로, 실제 납부할 세금에서 30만 원이 차감되는 효과가 있어 학부모 입장에서는 매우 큰 혜택입니다.

교육비납입증명서 전산으로 발급하기

국세청은 연말정산 자료의 원활한 수집과 제공을 위해 교육비 자료를 전자 방식으로 제출하도록 권장하고 있습니다.

우편으로 '연말정산 소득공제 및 세액공제 증명

4-4

교육비납입
영수증

교육비납입영수증 발급하면 이중매출 아닌가요?

교육비납입영수증은 미취학 아동의 교육비 납입을
증명하기 위해 발급하는 서류입니다. 카드영수증,
현금영수증 등을 이미 발급한 교육비에 대해서도
발급할 수 있으며, 이중으로 매출이 계상되지 않습
니다.

　현금영수증을 발급한 매출에 대해 교육비납입
영수증을 발급하면 매출이 두 번 중복으로 계상되
는 것으로 오해하시는 경우가 있지만, 그렇지 않습
니다. 교육비납입영수증은 학부모의 세액공제를
위한 증빙일 뿐, 학원의 매출로 집계되는 매출 증빙
이 아닙니다.

이 서류를 보관할 필요가 없습니다.

전자계산서 발급 의무

계산서(또는 세금계산서)는 크게 수기계산서와 전자
계산서 두 종류로 구분할 수 있습니다.

◦ **전자계산서**: 홈택스 등을 이용하여 전산의 방법
  으로 발급하여, 발급 내용이 홈택스에 전송되는
  발급 방법입니다.
◦ **수기계산서**: 홈택스로 전송되지 않고, 직접 수기
  로 발급하여 거래 상대방에게 교부하는 방법입
  니다.

전년도 사업장의 수입금액이 8,000만 원 이상인
사업자는 계산서 발행 시 반드시 "전자"의 방법으
로 발행해야 하는 전자계산서 발급 의무가 발생합
니다. 따라서 계산서 발급 시점에, 내가 "전자" 발급
의무 사업자에 해당하는지 검토하여야 합니다. 전
자발급의무 사업자가 수기계산서로 발급할 경우
가산세가 발생합니다.

한편, 수기계산서라면 작성한 서류를 5년간 보관
할 의무가 있지만, 전자로 발급하여 홈택스에 전송
된 전자계산서는 전산에 자동 등록되기 때문에 종

- 체육관 또는 학원 장소를 일시적으로 대여하고 소정의 대관료를 받는 경우
- 그 외에 사업과 관련된 수입이 발생하는 경우로서, 거래 상대방이 사업자인 경우

계산서 vs. 세금계산서

일반과세사업자가 과세되는 재화 또는 용역을 공급하는 경우 세금계산서를 발급합니다. 면세사업자가 사업과 관련하여 일시적 또는 부수적으로 재화 또는 용역을 공급하는 경우 계산서 발급 대상입니다.

따라서 면세사업자인 학원이 위의 "계산서 발급 대상 거래"와 같이 일시적으로 사업용 자산과 같은 재화를 공급하거나, 사업자를 대상으로 교육서비스 등 용역을 공급하는 경우 계산서를 발급해야 합니다.

이때, 거래 상대방이 면세사업자인지 과세사업자인지는 중요하지 않으며, 발급하는 "나", 즉 공급자의 사업자 유형에 따라 발급할 서류가 계산서인지, 세금계산서인지가 결정됩니다.

4-3

매출 계산서가
뭔가요?

계산서 발급 대상 거래

학원사업자는 주요 고객이 사업자가 아닌 개인이기 때문에 사업을 운영하는 동안 일반적인 경우에는 계산서를 발급해야 하는 거래가 거의 발생하지 않습니다. 하지만 아래와 같은 예외적인 상황에서 계산서를 발급하게 되며, 일상적이지 않은 상황이라 어렵게 느껴질 수 있습니다.

○ 사업자 대상으로 외부 수업에 출강하여 강의료를 받는 경우
○ 학원차량 등 사업용자산을 중고로 매도하여 판매 수입을 받는 경우

습니다. 예를 들어 체험학습비 30만 원을 학부모로 부터 받아 그대로 체험학습 업체에 전달하고, 학원 은 어떠한 이익도 취하지 않았다면 이는 단순 대납 으로 매출에 포함하지 않습니다.

그러나 학원이 교통비, 식비 등 추가 비용을 받고 이를 경비로 기록했다면, 수입금액으로 계상해야 합니다. 예를 들어 체험학습비 30만 원을 받아 업체 에 25만 원을 지급하고, 나머지 5만 원은 교통비와 식비로 지출하여 장부에 경비로 기록했다면, 30만 원 전체를 매출로 계상해야 합니다.

보조금 받는 것도 세금 내나요?

학원을 운영하며 사업과 관련하여 받는 보조금, 지 원금도 매출과 같이 수입에 포함하여 종합소득세 또는 법인세 계산에 포함됩니다.

대표적으로 일자리도약장려금과 같은 고용 관련 지원금, 노후 학원차량 폐차 보조금 등이 이에 해당 합니다. 많은 원장님들이 보조금은 세금 대상이 아 니라고 오해하시는데, 사업과 관련하여 받은 모든 수입은 매출에 포함됩니다.

학원 운영자의 매출 관리　　　　　　　77

기타경비의 범위

항목	내용
모의고사비	◦ 학습자의 실력을 평가하기 위하여 실시하는 시험 비용(학원 또는 교습소에서 자체 제작하거나 프린트하여 실시하는 시험의 비용은 제외)
재료비	◦ 학습자의 실험·실습을 위하여 필요한 소모성 재료 비용
피복비	◦ 유아의 단체복을 제작하거나 구입하는 비용
급식비	◦ 유아에게 식사 또는 간식을 제공하는 비용
기숙사비	◦ 숙박시설을 갖춘 학교교과교습학원에서 숙식을 제공하는 비용
차량비	◦ 학습자의 교통 편의를 위하여 차량을 운행하는 데 드는 비용

이런 수입도 매출일까요?

학원 운영 중 수강료 외에도 모의고사비, 체험학습비, 심사비, 참가비 등 추가적으로 받는 금액은 성격에 따라 매출로 처리 여부가 달라집니다.

　학원이 단순히 대납만 하고 이에 따른 비용을 장부에 기록하지 않았다면 예수금으로 처리할 수 있

4-2

이것도 수입으로
잡히나요?

교재 판매도 매출인가요?

학원은 수강료 외에도 다양한 경비를 교습비로 받을 수 있지만, 이 중 학원법에 열거되지 않은 항목은 교습비로 받을 수 없습니다. 예를 들어 모의고사비, 재료비, 급식비 등은 기타경비로 허용되지만, 교재비는 교습비로 받는 것이 금지됩니다.

교재 판매를 원할 경우 학원과는 별도로 서점업을 등록해야 하며, 독립된 공간에서만 판매가 가능합니다. 이는 학원법에서 학원이 교재 판매를 통해 부당한 이익을 취하는 것을 방지하기 위한 규정입니다.

매출 누락하면 어떤 불이익이 있나요?

실제 세금보다 적게 신고한 경우, 과소신고한 세액에 대해 10%의 가산세가 발생합니다. 또한 납부했어야 할 세금보다 적게 납부한 세금에 대해 납부지연가산세가 발생하며, 납부지연가산세는 납부가 늦어질수록 일할 계산으로 가산세가 불어납니다.

예를 들어 매출 1,000만 원을 누락하여 세금 200만 원을 덜 냈다면, 과소신고 가산세 20만 원(10%)과 함께 납부지연가산세가 추가로 부과됩니다. 상당한 기간이 지난 후 적발될 경우 납부지연가산세만 해도 적지 않은 금액이 될 수 있습니다.

4-1

매출 관리가
왜 중요한가요?

세금 계산에서 매출의 중요성

소득세 등 세금 계산은 수입에서 지출을 뺀 순이익에서부터 시작됩니다. 따라서 수입, 즉 매출이 실제보다 적게 신고될 경우 세금이 적게 계산됩니다.

세금을 많이 냈을 때와 적게 냈을 때의 결과는 매우 다릅니다. 실제 냈어야 할 세금보다 신고 납부한 세금이 클 경우, 실제 냈어야 하는 세금으로 수정하여 과다 납부한 세금을 돌려받는 데에는 특별한 불이익이 없습니다. 하지만 실제 냈어야 할 세금보다 신고 납부한 세금이 적을 경우, 적게 신고하고 적게 납부한 것에 대한 각종 불이익이 발생합니다.

학원 운영자의 매출 관리　　　　　　　　　　　73

학원을 운영하며 가장 기본이 되는 것이 바로 매출 관리입니다. 매출은 단순히 수입을 기록하는 것을 넘어, 세금 계산의 출발점이 되기 때문입니다. 이번 장에서는 매출 관리의 중요성과 학원에서 발생하는 다양한 수입의 종류, 그리고 관련 증빙 서류에 대해 알아보겠습니다.

PART 4

학원 운영자의
매출 관리

따라서 현금영수증 발급은 단순한 서류 작업이 아니라, 정확한 세금 신고와 직결되는 매우 중요한 업무입니다. 매월 계좌 입금 내역과 현금영수증 발급 내역을 대조하여 누락이 없도록 관리하면 이러한 사고를 예방할 수 있습니다.

황이 발생하면 학부모님이 소득공제를 받지 못하거나, 학원이 세무서로부터 미발급 신고를 당하는 문제가 생길 수 있습니다.

이를 예방하기 위해 주기적으로 계좌이체로 입금된 수강료와 현금영수증 발급 내역을 비교하여 누락된 건을 자진발급번호로 발급하는 습관을 들이는 것이 중요합니다.

현금영수증, 발급 안 하면 어떻게 되나요?

현금영수증을 발급하지 않으면, 발급하지 않은 금액의 20%에 해당하는 가산세가 부과됩니다. 예를 들어 연간 1,000만 원의 현금성 매출에 대한 발급 누락 시 200만 원의 가산세가 발생합니다.

현금영수증 발급 누락은 단순히 가산세 문제에 그치지 않고, 현금매출 누락으로 인한 소득 과소신고 문제로도 이어질 수 있습니다. 현금영수증 발급을 누락한 금액을 현금매출로 계상하지 않아 소득세 신고 시 이를 누락하여 세금이 계산되었다면, 과소 납부세액과 이에 대한 과소신고 가산세 10%, 그리고 납부지연가산세까지 추가로 발생합니다.

진발급번호로 이미 발급한 경우라도, 추후 학부모가 자신의 휴대전화 번호로 발급을 요청하면 번호를 수정할 필요는 없습니다. 자진발급된 현금영수증은 홈택스에서 승인번호를 조회해 본인의 번호로 변경한 뒤 연말정산 소득공제를 신청할 수 있기 때문입니다.

작년분 현금영수증 발급은 어떻게 하나요?

"학부모님이 교육 수강 기간이던 작년에는 현금영수증을 발급해 달라는 말씀을 안 하셔서 발급을 안 해드렸는데, 올해 초 갑자기 전년도 1년 치에 대해서 발급해 달라고 하시는데 어떻게 하나요?"

직장에 다니는 학부모님은 연말정산 소득공제를 위해 전년도에 발급받지 못한 수강료에 대해 늦게라도 현금영수증을 요청하는 경우가 많습니다.

현금영수증은 과거 날짜로 발급할 수 없고, 발급 시점의 날짜로만 발급이 가능하여, 이미 지난 과거분에 대해서는 세무서에 미발급 사실을 자진 신고하고 직권 발급을 요청하지 않는 이상 과거 날짜로 소급하여 발급하는 것은 불가능합니다. 이러한 상사비, 체험학습비, 경시대회비 등)도 10만 원 이상이라면 모두 현금영수증 발급 대상입니다.

현금영수증 의무 발급 대상 업종에 포함되는 교육서비스업

교육서비스업	가. 일반 교습 학원
	나. 예술 학원
	다. 외국어학원 및 기타 교습학원
	라. 운전학원
	마. 태권도 및 무술 교육기관
	바. 기타 스포츠 교육기관
	사. 기타 교육지원 서비스업
	아. 청소년 수련시설 운영업(교육목적용으로 한정한다)
	자. 기타 기술 및 직업훈련학원
	차. 컴퓨터 학원
	카. 그 외 기타 교육기관

현금영수증 자진 발급

국세청은 상대방의 휴대전화 번호를 모르는 경우 사용할 수 있도록 자진발급번호를 제공하고 있습니다. 국세청 자진발급번호는 010-000-1234입니다.

교습비 납부 시 현금영수증 발급 요청이 없어 자

3-4

현금영수증
의무 발급

교육서비스업은 현금영수증 의무 발급 업종

교육서비스업은 세법에서 정한 현금영수증 의무 발급 업종 중 하나입니다. 현금영수증 의무 발급이란 건당 거래 금액이 10만 원 이상인 경우, 상대방의 요청 여부와 관계없이 의무적으로 반드시 현금영수증을 발급해야 한다는 의미입니다.

즉, 10만 원 이상의 교습비를 현금 또는 계좌이체로 결제받는 경우, 학부모 또는 수강생이 현금영수증 발급을 요청하지 않아 휴대전화 번호 등의 정보가 없어도 예외 없이 발급해야 합니다.

학원을 운영하다 보면 현금영수증 발급을 놓치기 쉬울 수 있습니다. 특히, 비정기적인 수입(모의고

현금영수증 가맹점 가입 안 하면 어떻게 되나요?

현금영수증 가맹점 가입 의무자가 가입 기한 내에 가입하지 않은 경우, 미가입 기간 동안의 수입 금액에 대해 1%의 가산세가 부과됩니다.

이 밖에도 신규 사업자나 소규모 사업자가 소득세 신고 시 추계 신고 방법을 선택할 때 단순경비율 적용 대상에서 제외되거나, 소득세 계산 시 세액공제 또는 감면에서 배제되는 등 각종 불이익이 발생할 수 있습니다. 가맹점 가입 과정은 간편하고 단순한 데에 비하여 미이행 시의 불이익은 크게 돌아올 수 있으므로 번거롭더라도 사업자등록 후에 반드시 놓치지 말아야 하는 절차입니다.

말기를 설치할 수 없는 상황이라면, 현금영수증 사업자 홈페이지에 접속하여 회원가입을 통해 가맹점 가입도 가능합니다.

현금영수증 사업자 홈페이지

상호	홈페이지	연락처
(주)토스페이먼츠	taxadmin.tosspayments.com	1544 – 7772
(주)링크허브	www.popbill.com	1599 – 7709
(사)금융결제원	www.kftcvan.or.kr	1577 – 5500

∘ ARS 가입: ARS를 통한 가입도 가능합니다. 전화 한 번으로 간편하게 현금영수증 가맹점에 가입할 수 있습니다.

☎126 ➡ ①번(홈택스 상담) ➡ ①번(현금영수증) ➡ ②번(상담센터 연결) ➡ ①번(한국어) ➡ ④번(가맹점 현금영수증 발급 서비스) ➡ 사업자번호 10자리 ➡ ①번(비밀번호 설정) ➡ 대표자 주민번호 13자리 ➡ 비밀번호 4자리 ➡ ①번(가맹점 가입)

3-3

현금영수증
가맹점 가입

현금영수증을 발급하기 위해서는 현금영수증 가맹점에 가입하여야 합니다. 현금영수증 가맹점 가입 방법은 아래와 같습니다.

현금영수증 가맹점 가입 방법

○ 단말기 가입: 사업장에 신용카드 단말기를 설치하는 경우 단말기 회사에 현금영수증 발급 장치를 함께 설치해 달라고 요청할 수 있습니다. 카드 가맹점에 가입하면서 동시에 현금영수증 가맹점으로 가입할 수 있습니다.
○ 인터넷 가입: 만약 사업자등록 직후 신용카드 단

용하여 온라인으로 발급할 수 있으며, 최근에는 다양한 비대면 결제 시스템을 통해 여러 건의 현금영수증을 편리하게 일괄 발급할 수 있습니다.

현금영수증은 원칙적으로 현금을 지급받은 시점에 즉시 발급해야 하며, 즉시 발급이 어려운 경우에는 5일 이내에 발급해야 합니다.

있습니다.

따라서 매출자는 매출 집계를 위하여 정확한 내역으로 현금영수증을 발급하는 것이 중요하며, 매입자는 세금 절감을 위해 사업자용 또는 소득공제용을 정확히 구분하여 받는 것이 매우 중요합니다.

현금영수증의 종류와 활용

매출자	매입자(사업자)	매입자(근로자)
현금영수증 발행	사업자용 현금영수증 수취	소득공제용 현금영수증 수취
매출 증빙 서류로 활용	사업과 관련된 비용으로 장부에 반영해서 절세	근로자 연말정산 시 제출해서 소득공제를 받아 절세
사업자등록번호 또는 휴대폰번호로 발행	사업자등록번호로 수취	휴대폰번호로 수취

현금영수증 발급 방법

카드단말기를 설치한 사업자의 경우, 카드단말기에 입력하여 현금영수증을 발급할 수 있습니다. 카드단말기가 없더라도 국세청 홈택스 사이트를 이

3-2

현금영수증 발급

현금영수증의 종류

현금영수증은 발행하는 사업자 입장에서는 매출 증빙이 되고, 현금영수증을 발행받는 상대방 입장에서는 매입 증빙이 될 수 있습니다. 상대방은 크게 두 종류로 구분할 수 있습니다. 바로 사업을 하는 사업자, 또는 직장을 다니는 근로자입니다.

◦ 사업자: 사업자용(지출증빙용) 현금영수증을 사업자등록번호로 발급받아야 본인의 사업소득세를 절세할 수 있습니다.
◦ 근로자: 소득공제용 현금영수증을 휴대폰 번호로 발급받아야 본인의 근로소득세를 절세할 수

지 않는 경우, 수기로 발급하여야 하며 이를 놓치지
않도록 유의해야 합니다.

현금영수증의 전산화

현금영수증이 발급되는 즉시 결제 정보는 국세청
으로 전송되며, 사업장의 매출로 인식됩니다. 한편,
이를 발급받은 소비자(수강생 또는 학부모 등)는 결제
금액에 대해 직장인 연말정산에서 소득공제 등의
세금 혜택을 받을 수 있습니다.

3-1

현금영수증이란?

현금영수증 발행 대상 매출

사업을 운영하면 매출(수입)이 발생합니다. 매출을 기록하는 방법에는 세금계산서 발행, 카드 결제, 현금영수증 발행 등이 있습니다. 그중 현금영수증은 현금 거래에 대해 발행하는 대표적인 방식으로, 계좌이체 결제와 같은 현금 입금 수입에 대하여 발행해야 합니다.

현대화된 결제 시스템에서는 현금영수증 발급 대상인 현금 결제 방식도 다양합니다. 인터넷뱅킹이나 스마트뱅킹을 통한 은행 계좌 입금뿐만 아니라 QR코드 결제를 통한 계좌 이체도 모두 현금영수증 발급 대상입니다. 시스템상 자동으로 발급되

월세 다양한 결제 시스템이 도입되었지만, 현재에도 시세 공물이 아직도 가
금 월세에 개시되어(월급 결제)가 하고 결제 방식으로 사용됩니다.
이 결제에 개시의 방식에 대해 매우 중요한 통해 사용은 것이 바로 월
급입니다. 이 월급은 원 장인에 월급수양을 가내버려 다른 결제 방
법, 그리고 미래의 시 통이에까지 자세이 용이했습니다.

PART 3

영수증은 꼭 받아야 하나요?

PART 14

학원 권리금도 세금을 내요?

권리금이란 학원을 다른 사람에게 넘길 때, 그동안 쌓아온 영업 노하우, 학생(고객), 입지 조건, 시설, 평판 등 무형의 가치에 대해 받는 돈입니다. 지금부터 더 자세히 살펴보겠습니다.

14-1
영업권, 세금 신고해야 하나요?

운영 중인 학원을 인수하려는 원장님들은 종종 영업권(권리금)을 지급하며 사업을 시작하게 됩니다. 권리금은 학원의 운영 가치를 평가한 금액으로, 이를 주고받을 때 양도자와 양수자 모두 세법에 따른 세금 신고 절차를 준수해야 합니다.

권리금 거래의 세무적 의미

권리금을 주고받는 상황을 살펴보면, 양도자는 수입이 생기고 양수자는 지출이 발생합니다.

예를 들어 A원장님이 B원장님께 권리금을 지급하는 경우 각각의 세무적 의미를 살펴보겠습니다.

- A원장님(양수자): 권리금을 지출로 반영해 순이익을 낮출 수 있으며, 이는 세금 절감 효과로 이어집니다.
- B원장님(양도자): 권리금을 수입으로 간주하며, 이에 따른 세금 납부 의무가 생깁니다.

신고하지 않으면 어떻게 되나요?

현실적으로는 절차를 간소화하고 세금을 신고하지 않는 방식으로 합의하는 사례도 적지 않습니다. 하지만 이러한 방식은 초기에는 편리하게 느껴질 수 있지만, 장기적으로는 불이익이 발생할 가능성이 큽니다.

양수자는 해당 금액을 비용으로 처리해 향후 수년간 절세 효과를 누릴 수 있는 기회를 놓치게 됩니다. 양도자는 해당 수입을 소득으로 신고하지 않을 경우 추후에 세금을 추징당할 수 있는 리스크를 부담하게 됩니다.

권리금 거래 시점에서 일부 세금을 부담하더라도, 세무 전문가와 상담을 통해 합법적이고 현명한 선택을 하시기를 권장합니다. 적법한 신고를 통해 양도자는 세금 부담을 최소화하고, 양수자는 장기적인 절세 효과를 얻을 수 있습니다.

14-2 양도자의 세금 처리

권리금을 받는 양도자는 계산서 발급과 소득 신고라는 두 가지 의무를 이행해야 합니다.

계산서 발급 의무

사업과 관련된 영업권(권리금)은 재산적 가치가 있는 재화로 간주되며, 이를 양도하는 행위는 재화의 공급에 해당합니다. 따라서 권리금을 수령하는 양도자는 계산서(과세사업자는 세금계산서)를 발급해야 합니다. 다만, 사업의 포괄양수도에 해당하는 경우 세금계산서 발급은 생략 가능합니다.

기타소득 합산 신고

사업의 영업권 양도에 대한 대가로 받은 금액은 기타소득으로 분류되며, 종합소득세 신고 시 합산 신고 대상에 해당합니다. 다만 부동산과 함께 양도된 영업권은 양도소득세가 과세되는 등 세무 처리 방식이 달라지므로, 반드시 세무 전문가와 상담이 필요합니다.

필요경비 60% 인정

기타소득은 수입금액의 60%를 필요경비로 인정받습니다. 예를 들어, 권리금 1억 원을 받았다면 6,000만 원은 필요경비로 공제되고, 나머지 4,000만 원에 대해서만 세금이 부과됩니다.

이를 종합소득세 신고 시 다른 소득과 합산하여 신고하면, 양도자의 한계세율에 따라 최종 세금이 결정됩니다.

14-3 양수자의 세금 처리

권리금을 지급하는 양수자는 계산서를 수취하고 원천징수를 해야 합니다. 또한 권리금은 무형자산으로 계상하여 5년간 상각합니다.

계산서 수취 필수

사업의 영업권(권리금)을 지급했다면, 사업 양도자로부터 계산서를 반드시 수취해야 합니다. 적격증빙으로 인정받은 계산서를 통해 지출한 경비를 장부에 반영할 수 있으며, 이를 통해 세금 절감 효과를 얻을 수 있습니다.

무형자산 상각

수취한 계산서는 장부에 영업권이라는 계정과목으로 무형자산에 계상합니다. 영업권은 지급한 해에 전액 비용 처리할 수 없으며, 5년 동안 나누어 경비로 반영합니다.

예를 들어 권리금 5억 원을 2025년 7월에 지급한 경우, 매년 1억 원씩 5년간 경비로 처리할 수 있습니다. 연중에 개업했다면, 해당 연도의 상각 범위액은 월 단위로 계산합니다.

시간의 흐름에 따른 권리금 상각액

연도	상각비 경비 반영	비고	연말에 남은 권리금
2025	5,000만 원	5억/5년×6월/12월	4억 5,000만 원
2026	1억 원	5억/5년×12월/12월	3억 5,000만 원
2027	1억 원	5억/5년×12월/12월	2억 5,000만 원
2028	1억 원	5억/5년×12월/12월	1억 5,000만 원
2029	1억 원	5억/5년×12월/12월	5,000만 원
2030	5,000만 원	남은 권리금 모두 반영	0원

원천징수 의무

사업을 인수하며 영업권에 대한 권리금을 지급할 때, 기타소득에 해당하는 권리금에 대해 원천징수를 하고 이를 신고·납부해야 합니다.

영업권의 원천징수 세율은 소득세법에 따라 영업권 금액의 8.8%(소득세 8% + 지방소득세 0.8%)로 계산됩니다.

예를 들어 A가 B에게 1억 원의 권리금을 지급할 경우에는 다음과 같이 계산합니다.

- 원천징수 세금=1억 원×8.8%=880만 원

A는 B에게 9,120만 원을 지급하고, 원천징수한 880만 원을 세무서 및 지자체에 납부합니다.

원천징수한 세액은 다음 달 10일까지 관할 세무서 및 지자체에 신고 및 납부하고, 지급명세서도 제출해야 합니다.

14-4 영업권의 절세 효과

과세 기준 차이

양도자와 양수자의 과세 기준에는 큰 차이가 있습니다.

- 양도자: 권리금의 60%를 필요경비로 인정받아 나머지 40%에 대해서만 과세됩니다. 예를 들어, 권리금 1억 원을 받으면 4,000만 원만 과세 대상이 됩니다.
- 양수자: 권리금 전액(1억 원)을 경비로 처리할 수 있습니다. 단, 비용 처리는 권리금을 지급한 첫해에 전액 반영되지 않고, 5년에 걸쳐 나누어 상각됩니다.

권리금 세무 신고의 절세 효과

권리금 금액이 클수록 절세 효과는 더욱 커집니다. 양수자는 5년에 걸쳐 꾸준히 경비로 반영하며 절세 효과를 누릴 수 있고, 양도자도 필요경비 60%를 공제받아 세금 부담을 최소화할 수 있습니다.

권리금을 세법에 따라 적절히 신고하고 처리하는 것이 장기적으로 양도자·양수자 모두에게 유리합니다. 복잡한 세금 처리 절차를 놓치지 않도록 세무 전문가와 함께 정확히 진행하시길 권장합니다.

역제안

차례

그 남자 죽자 그 여자 살자	7
2상한 2야기	43
도청	65
정당방위	107
대행	143
여기 백신이 있다!	173
역제안	215

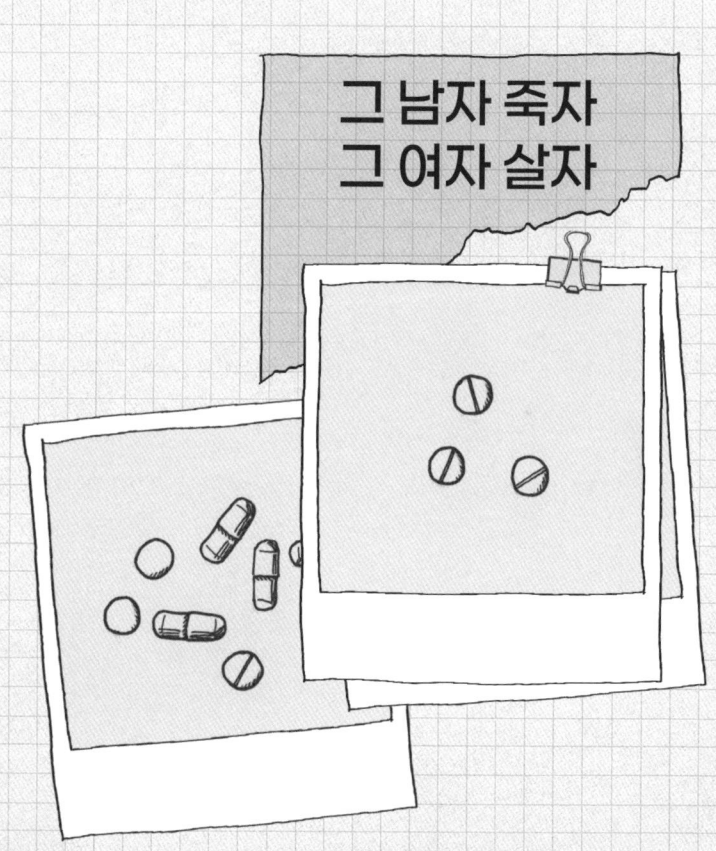

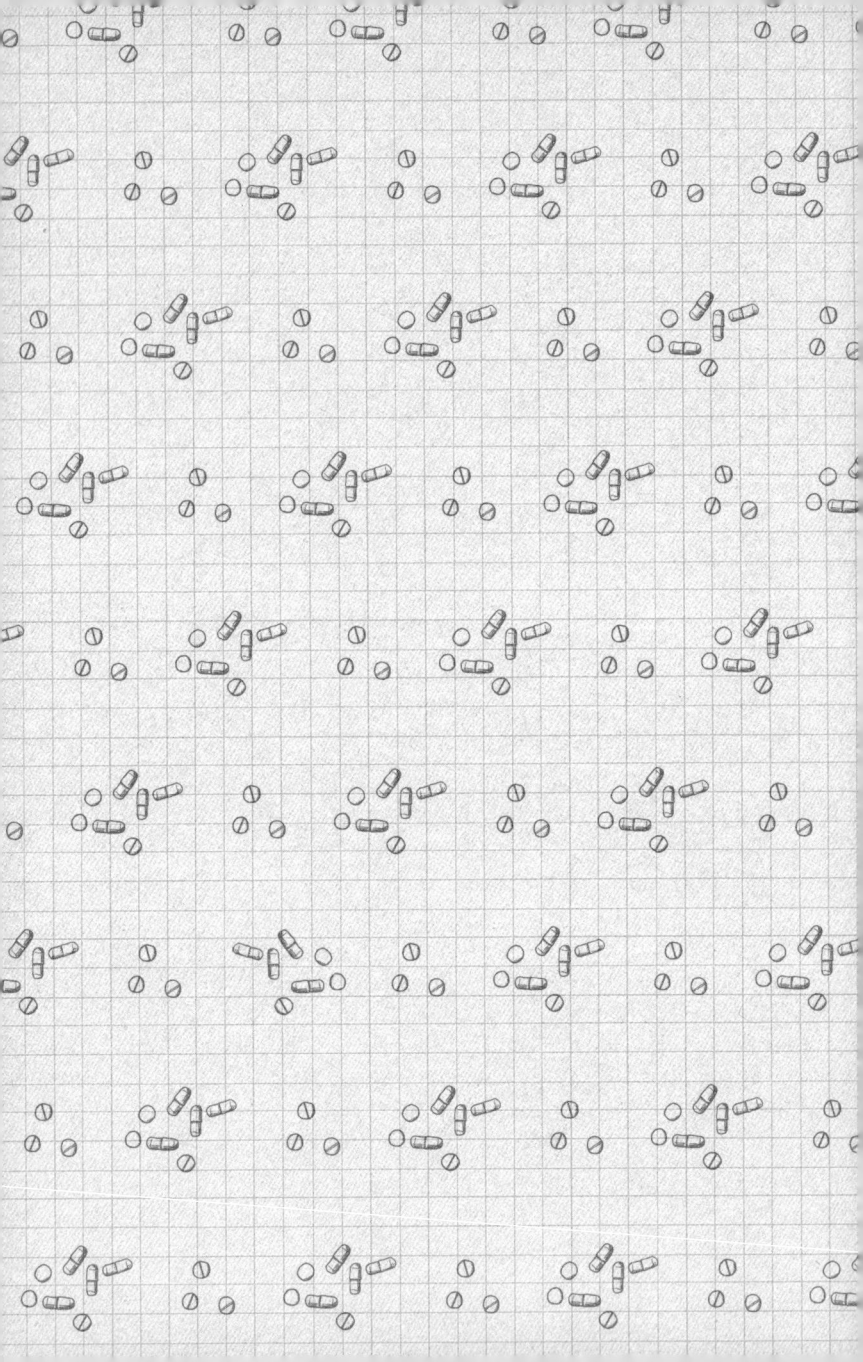

그 남자

 나는 지금 무너진 다리 위에 서 있다. 이제 그 무의미한 발버둥을 끝내려 한다.

 하루 종일 잠들지도, 그렇다고 깨어 있지도 않은 상태로 어둑한 방에 누워 있는데 전화벨이 울렸다.

 아들, 지금 뭐 해? 별일 없지? 밥은 먹었니? 불고기가 맛있게 됐어. 일요일에 겉절이랑 반찬 들고 내려갈게. 오랜만에 우리 아들 얼굴 좀 보자.

 문득 현관문을 열자마자 싸늘하게 식은 아들의 시신을 볼 엄마의 얼굴이 떠올랐다. 덜컥 목이 메 서둘러 전화를 끊었다.

 압둘이라고 불리던 때가 있었다. 아랍 사람 같은 내 외

모를 보고 놈들이 붙인 별명이다. 놈들은 나를 보면 때리고 비웃었다. 그럴 때마다 머릿속에서 놈들을 하나하나 죽였다. 고통스러운 나날이었지만, 돌이켜 보면 지금보다 그때가 나았다. 그들에게 비웃음이라도 주었으니까. 내 마음속엔 증오라도 있었으니까. 지금 내 주위엔 아무도 없고, 마음은 텅 비었다.

   고시텔 공용 주방에서 우울증 약을 먹다가 문득 옆에 있는 가스레인지를 보았다. 둥근 모양의 점화 손잡이를 잡아 돌리자 탁 소리와 함께 파란 불길이 치솟았다. 그 위로 내 손을 서서히 가져갔다. 글쎄, 그저 느끼고 싶었다. 내가 살아 있다는, 존재한다는, 그런 감각. 불꽃에 가까워질수록 손끝에서 열기가 느껴졌다. 가까이, 조금 더 가까이.

   저기요.

   누군가가 뒤에서 나를 깨웠다. 돌아보니 104호 여자가 서 있었다. 그녀는 라면을 끓여 먹어야 한다며 나에게 자리를 비켜달라고 말했다. 주방을 나오면서 그녀가 아까부터 앉아서 보던 두꺼운 책을 힐끗 보았다. 펼쳐진 페이지는 뇌를 해부한 그림과 알 수 없는 기호들이 가득한 수식

들로 빼곡했다. 그제야 생각났다. 언젠가 그녀가 카이스트라고 적힌 잠바를 입은 걸 본 적이 있다. 명문대 다니는 잘난 여자. 축 처진 내 뒷모습을 보고 비웃었겠지. 아무 쓸모없는 놈이라고.

사실이 그렇다. 하는 일이 없다. 한동안 시도 쓰지 않았다. 책상 앞에 앉아 있을 힘도, 딱히 떠오르는 시상도 없다. 어차피 누구도 보아주지 않는다. 내가 봐도 한심한 그 시를 다른 이들이라고 좋아할 리 없다.

그동안은 방바닥에 누워 있는 내 얼굴 위로 바퀴벌레가 기어가도 쫓을 힘이 없었다. 며칠 기를 쓰고 약을 먹었더니 이제야 조금 몸을 움직일 수 있게 됐다. 됐다. 비로소 이 세상을 떠날 힘이 생겼다.

목을 맬까? 가스를 마실까? 손목을 그을까? 높은 곳에서 떨어질까?

아무 의미 없는 이 삶을 어떻게 끝낼까?

그 여자

전두엽과 변연계를 잇는 신경망이 얇아진 107호 남자

가 자신의 유전자를 하찮게 여기고 있다. 그가 스스로 목숨을 끊을 수도 있다는 말이다.

그 근거는 다음과 같다.

티베트고기압과 북태평양고기압이 만나 생긴 열돔의 영향으로 폭염 경보가 발령된 어젯밤, 나는 내 방보다 섭씨 4도가량 낮은 고시텔 공용 주방에서 전공 서적을 보고 있었다. 바로 그때 107호 남자가 주방 안으로 들어왔다. 느릿느릿한 움직임으로 정수기에서 물을 받은 그는 가져온 약 봉투에서 알약을 꺼내 힘겹게 삼켰다. 탁자에 놓아둔 하얀 봉투에 그가 처방받은 약의 이름들이 적혀 있었다.

선택적 세로토닌 재흡수 억제제, 중추신경 흥분제, 베타 수용체 차단제······.

전부 뇌의 신경전달물질을 증가시켜 우울감을 개선하는 약이다. 담당의가 복합 처방을 내린 것으로 보아 107호 남자의 전두-변연계 신경망이 꽤나 많이 얇아졌다고 추측할 수 있다.

탁!

약을 먹던 남자가 갑자기 정수기 옆에 있는 가스레인

지를 켰다. 남자는 타오르는 파란 불길을 가만히 바라보다가 서서히 자신의 손을 불길 위로 가져갔다. 신체적 고통으로 정신적 고통을 완화하려는 자해 시도로 보인다. 우울증이 심할 때 보이는 대표적인 증상 중 하나다.

저기요!

위급한 상황에 나도 모르게 그의 행동을 막고 라면 핑계를 댔다. 내 말에 대꾸 없이 그대로 주방을 빠져나가는 남자의 뒷모습이 위태로워 보였다.

107호 남자와는 지금껏 말 한 번 섞어본 적 없다. 딱 한 번, 그가 쓴 시를 읽어본 적은 있다. 언젠가 그가 들고 나온 쓰레기봉투에서 빠져나온 종이 위에 그 시가 쓰여 있었다. 그 종이에 적힌 언어는 분명 한국어였지만, 추상적이고 모호한 표현이 가득해 나로선 이해하기 힘들었다.

비록 친분은 없지만 나는 그를 돕고 싶다. 적어도 그가 스스로 목숨을 끊는 것만큼은 막고 싶다. 모르면 몰랐지, 107호 남자의 심각한 상태를 뻔히 목격하고도 모르는 척할 수는 없다.

그에게 이성적인 호감이 있는 건 아니다. 도파민이 분비되어 조금이라도 흥분감을 느끼거나 아드레날린이 분출해 심장이 떨리는 등의 신체 반응은 일절 없다. 그렇다고 딱히 내가 이타적인 사람이라서도 아니다. 내가 그를 돕는 행동은 인간 개체 수준에서 보면 이타적으로 보일지 몰라도 유전자를 가진 집단 수준에서 보면 결과적으로 생존에 도움이 되는 행동이다. 결국 내가 그를 돕고 싶은 건 그런 유전자의 본능일 것이다.

방으로 돌아온 나는 화이트보드에 107호 남자를 살릴 계획을 세웠다. 섣부른 위로는 역효과만 부를 수 있기에 나는 철저하게 과학적인 방법으로 그를 도우려고 한다.

어떻게 해야 그의 우울증을 완화할 수 있을까? 가난, 스트레스, 고독 등 여러 사회적 요인이 우울증을 유발하지만 이런 요인들을 바로잡아 그의 상태를 개선하려면 오랜 시간이 걸린다. 그래. 우선 생물학적으로 접근해야 한다. 우울과 무기력은 결국 생물학적 문제다. 몸이 없으면 마음도 없다. 세로토닌, 노르에피네프린 등의 수치를 올리면 그의 우울 상태를 개선할 수 있다. 107호 남자는 현재 그 수치들을 올릴 수 있는 항우울증 약을 먹고 있지만 보통 이런 약들의 특징은 제대로 효과를 보려면 시간이 제법 걸린다는 점이다.

더 즉각적이고 더 큰 변화를 줄 수 있는 방법이 없을까?

문득, 며칠 전 집으로 오는 길에 강제로 받은 광고지가 생각났다. 집에서 버릴 생각으로 가져왔던 광고지를 찾아낸 나는 화이트보드의 한구석에 그것을 붙였다. 광고지 첫 줄에 커다랗게 박힌 헤드라인이 내 눈길을 단박에 사로잡았다.

내 몸은 내가 지킨다!

그 남자

원투 원투 훅! 백스텝 잽 잽!

요즘 복싱의 매력에 푹 빠졌다. 이 사각의 링 위에서, 나는 비로소 살아 있다.

헤드기어를 끼면 절로 시야가 좁아져 오직 눈앞의 상대만 보인다. 나는 터진 입술에서 난 피를 혀로 핥으며 다리를 분주하게 움직인다.

쓱! 상대의 주먹이 내 귓가를 스칠 때 들리는 바람 소리가 황홀하다.

빡! 상대의 얼굴에 내 주먹이 꽂힐 때 느껴지는 손맛이

짜릿하다.

땡!

종이 울리면 그때부터는 생각할 시간이 없다. 무엇이든 생각하면 늦는다. 풋워크, 가드, 더킹, 위빙, 패링……. 머리가 아닌 몸이 익힌 기술로 상대의 공격을 피하고 나면 이번엔 내 차례다. 잽, 훅, 어퍼, 스트레이트……. 수없이 연습해 몸에 밴 동작으로 상대를 향해 주먹을 내뻗는다. 이 모든 게 완벽하다.

처음 체육관에 갔을 때는 주먹을 내기는커녕 똑바로 서 있기도 힘들었지만 지금은 함께 시작한 관원들에 비해 실력이 더 좋다는 소리를 듣는다. 시작한 이래로 단 하루도 빼놓지 않고 체육관에 간 덕분이다. 집에 홀로 있을 때면 여전히 우울감이 나를 덮치지만 그럴 때마다 링 위에 오른 내 모습을 상상하며 주먹을 내뻗는다. 세상이 전보다 선명하게 보인다.

생각해보면 기적 같은 일이다. 불과 석 달 전만 하더라도 나는 방 천장에 끈을 걸고 목매는 시늉이나 했다. 지금은 방 한가운데 샌드백을 두고 하루 종일 두들긴다.

그래. 내가 복싱을 하게 된 건 운명이다. 신이 나에게 복싱이라는 운동을 내렸다. 그렇게 생각할 수밖에 없다.

그 여자

내가 107호 남자에게 복싱을 권했다.

말로 한 건 아니다. 대화 한 번 해본 적 없는 사이인 내가 복싱을 권해봤자 당황스럽기만 할 테고, 그 뜬금없는 제안을 그가 받아들일 리도 없다. 나는 조금 더, 아니 훨씬 더 확률이 높은 방법을 사용했다.

나는 먼저 화이트보드에 간단한 수식 하나를 세웠다. 한 사람이 하루에 하나의 광고지를 보게 될 확률을 P라고 가정했을 때, 각각 다른 장소에서 5번 연속으로 같은 내용의 광고지를 보게 될 확률은 P×P×P×P×P, 즉 P의 5제곱이다. 107호 남자가 복싱 광고지를 1회 받게 될 확률을 30퍼센트라고 잡으면 0.3×0.3×0.3×0.3×0.3, 5번 연속해서 같은 광고지를 받을 확률은 겨우 0.00243퍼센트다. 소행성이 지구에 충돌할 확률이 대략 0.001퍼센트다. 그보다 아주 조금 높은 확률이다.

나는 골목 곳곳에 붙은 복싱 체육관 광고지를 수거해

그것들을 107호 남자가 볼 법한 곳들에 다시 가져다 붙였다. 그가 집에 들어오다 보게 될 고시텔 정문에, 신발을 벗다 보게 될 현관문 아래에, 병원에 갈 때마다 이용하는 버스 정류장에, 전에 보았던 약 봉투에 적힌 약국 이름을 기억해 옆 동네에 있는 그 약국 건물의 벽면에도 가져다 붙였다. 결정적으로 107호 남자가 집으로 오는 길에 지나치는 건물 옥상에서 대기하고 있다 그가 지나가는 타이밍에 맞추어 광고지를 눈처럼 뿌렸다.

사람은 우연한 사건이 반복되면 단순한 우연이 아니라 필연성이 작용하고 있다고 인식한다. 인간의 인지적 편향 중 하나인 패턴 인식 편향 때문이다. 사람의 뇌는 무작위 사건에서도 의미 있는 패턴을 찾으려 하므로 우연한 사건의 반복을 운명으로 해석한다. 연속해서 복싱 체육관 광고지를 보던 107호 남자가 심지어 하늘에서 비처럼 내려오는 그것을 받아 보게 되었을 때, 그의 뇌는 그 사건을 운명으로 해석할 수밖에 없다. 마침 체육관에서는 1개월 무료 이벤트도 하고 있었다. 공짜는 손실이 없기 때문에 2배는 더 매력적이다. 이쯤 되면 나라도 권투 글러브를 낀다.

이후 107호 남자는 마주칠 때마다 땀 냄새를 풍겼다. 글러브를 묶어 목에 걸고 다니기도 했다. 겉으로 보기에도 우울한 기색이 싹 없어졌다. 다크서클이 사라졌고, 행동도 전처럼 느릿느릿하지 않았다. 우울증이 있는 사람들의 심리는 보통 과거와 미래에만 가 있기에 그토록 괴롭다. 그것을 현실로, 지금 이 순간으로 돌려놓는 데에는 역시 운동만 한 게 없었다.

며칠 전엔 주방에 들어가다 섀도복싱을 하는 107호 남자를 발견했다. 그 모습이 조금 귀엽기도 해서 나도 모르게 가만히 쳐다보며 씩 웃다가 그와 눈이 마주쳤다. 뻘쭘한지 서둘러 주방을 나가는 그의 뒷모습을 보며 나는 내 작전이 완벽히 성공했다고 생각했다. 그렇게 해피엔드인 줄로만 알았다.

오늘 밤 일이다. 99년의 공전주기를 가진 사라야치 혜성이 지구에 근접해 육안으로도 관찰할 수 있는 거라 건물 옥상으로 올라가는데, 막 계단을 내려오는 107호 남자와 마주쳤다. 가볍게 웃으며 눈인사라도 하려고 했지만 남자는 내 눈을 마주치자마자 시선을 피하고는 서둘러 아래로 뛰어 내려갔다.

옥상에 올라가서야 그가 왜 그랬는지 알 거 같았다. 오후에 한차례 내린 국지성 폭우 탓에 옥상 곳곳에 물웅덩이가 생겼는데, 입구에 있던 커다란 물웅덩이를 그대로 밟고 걸어갔는지 옥상 바닥에 발자국 하나가 난간을 향해 짙게 찍혀 있었다. 그것을 따라 걸어가보았더니 옥상 한쪽 난간 앞에 그 발자국이 유난히도 많이 찍혀 있었다. 그걸 보고 알았다. 방금 107호 남자는 여기서 뛰어내릴지 말지 한참을 고민했다. 그 수많은 발자국은 그을까 말까 망설이다 손목에 낸 주저흔이나 다름없었다.

어쩐지. 최근 107호 남자가 더 이상 체육관에 가지 않는 거 같았다. 왜 갑자기 복싱을 그만뒀지? 왜 상황이 더 악화되었을까? 결국 나 때문일까? 괜히 내가 개입해서 그의 상태가 더 심각해진 건 아닐까? 난간 앞에서 한참을 고민하며 서성였을 그의 모습을 떠올리니 덩달아 나도 우울해졌다.

실은 나 역시 상황이 최근 좋지 않았다. 며칠 전 그토록 들어가고 싶었던 뇌과학 연구 기관 취업에 실패했다. 들어가려고 거의 1년을 공들인 곳이었다. 심지어 넷 중 셋을 뽑는 최종 면접 단계에서 떨어져 그 충격이 더하다.

면접 말미에 최근 쟁점이 되었던 연구 결과에 대해서 면접관과 다른 해석을 했던 게 후회된다. 집안 사정이 좋지 않아 더는 팔자 좋게 학교만 다니고 있을 상황이 아닌데.

먹구름이 가득 낀 탓에 끝내 사라야치 혜성을 보지 못했다. 기분 전환을 하고 싶어서 옥상에 올라갔지만 도리어 더 우울해진 채로 내려왔다.

복도를 걷다가 107호 앞에서 우뚝 멈춰 섰다. 머릿속이 복잡했다.

그 남자

그놈이 내 눈앞에 나타났다. 내게 압둘이라는 별명을 지어줬던, 늘 앞장서 나를 비웃었던 그놈이.

복싱을 배우겠다고 체육관 문을 열고 들어온 그놈이 구석에 있던 날 한눈에 알아보고 알은체했다.

와, 진짜 오랜만이다. 한 10년 만인가? 어떻게 여기서 보냐. 잘 지내지?

나는 놈의 인사에 병신같이 웃으며 말했다. 그래. 반갑다. 하나도 반갑지 않으면서, 한쪽 가슴이 덜컹 내려앉았으면서.

며칠 후, 샌드백을 때리던 나를 가만히 바라보던 놈이 비식비식 웃으며 내게 다가와 말했다.

스파링 한번 할래? 지금 관장님 없잖아. 재미로 하자. 5분만. 재미로. 응?

실은 체육관에서 처음 마주친 날 이래로 언젠가 이런 날이 올 줄 알았다. 나는 놈의 제안을 못 이기는 척 받고 무심하게 링 위로 올랐다. 흥. 글러브를 껴보기는커녕 아직 줄넘기만 하는 놈이. 나를 샌드백 삼아 때렸던 옛 기억만 믿고 자신만만한 그놈이, 자신이 맹수라도 되는 줄 알고 오만하게 달려드는 그놈이 실은 가소로워 견딜 수가 없었다. 이제 내가 놈을 두들겨 패줄 차례였.

나는 그간 갈고닦았던 실력을 발휘했다. 적당한 거리를 두고 스텝을 밟으며 가드가 부실한 놈의 빈틈을 향해 잽을 날렸다. 내 주먹에 맞은 놈의 얼굴이 연신 뒤로 잦혀졌다. 내 털끝 하나 건드리지 못해 애가 닳은 놈은 동작만 쓸데없이 커졌다. 에이, 그러면 안 되지. 이내 나는 무방비가 된 놈의 얼굴에 체중이 제대로 실린 스트레이트를 꽂아 넣었다.

쾅!

놈이 그대로 뒤로 나자빠졌다. 링 밖에서 우리의 스파링을 구경하던 관원들이 환호성을 질렀다. 링 위에 대자로 뻗은 놈의 꼴사나운 모습을 내려보았다. 이상하게 통쾌한 마음이 들지 않았다. 도리어 불편했다.

충격을 받았는지 놈은 한동안 일어나지 못하고 체육관 천장만 멍하니 쳐다봤다. 꿈에도 예상치 못한 일이었겠지. 나 같은 병신에게 맞아 쓰러졌다는 게.

애써 웃어 보이며 겨우 몸을 일으킨 놈이 전보다 더 거칠게 내게 달려들었다. 머리를 들이밀고 팔꿈치도 휘둘렀다. 흥분한다고 될 일이 아니다. 맞을 곳만 더 많아질 뿐이지. 나는 동요하지 않고 더 분주히 발을 움직이며 놈의 빈틈에 주먹을 날렸다.

아아아악!!

얻어터지다 못해 분을 이기지 못한 놈이 소리를 마구 내지르더니 갑자기 나를 와락 끌어안았다. 그러고는 10년 전 그 말투로 내 귓가에 속삭였다.

압둘. 그 카레 냄새는 여전하네?

순간 사물함 안에 들어 있던 상한 우유의 썩은 내가

그 남자 죽자 그 여자 살자

훅 하고 내 코를 찔렀다. 등 뒤에서 비웃음이 터졌다. 돌아보니 놈들 모두 나를 보며 깔깔 웃고 있었다.

압둘! 간다!

내 귓가를 울리는 소리와 함께 어디선가 날아온 발길질에 나는 그대로 바닥에 쓰러졌다.

이제 나도 놈에게 달려들었다. 어서 끝내고 싶었다. 놈을 빨리 때려눕혀 자꾸만 떠오르는 이 개 같은 기억을 떨치고 싶었다. 증오에 사로잡혀 동작이 절로 커졌다. 결국 놈이 포착할 만큼 커다란 빈틈을 내보였다. 아까부터 내 털끝이라도 건드리고 싶어 안달한 놈의 주먹이 처음으로 내 오른쪽 뺨을 때렸다. 유의미한 충격은 아니었다. 링 위에서 이 정도 대미지는 정말 아무것도 아니지만, 이 정도 주먹에 맞아본 게 한두 번이 아니지만, 이후 정말 이상한 일이 벌어졌다.

주먹이 앞으로 나가지 않았다. 몸이 말을 듣지 않았다. 이때다 싶어 쏟아지는 놈의 주먹을 막는 데만 급급했다. 가드를 올린 두 팔 사이로 교복을 입은 놈의 모습이 보였다. 10년이 지났지만 달라진 건 아무것도 없었다. 링 한구석에 몰려 쪼그려 앉은 나를 놈이 그때처럼 짓밟았다.

며칠 동안 방바닥에 누워 그 스파링을 곱씹었다. 그토록 열심히 체육관을 다녔는데 막 들어와 줄넘기만 하던 놈에게 쓰러졌다. 시간이 부족했을까? 아니, 나라서 안 된 거겠지. 다른 사람이 아닌 나라서. 석 달이 아니라 3년이어도, 평생을 해도 그게 나라서.

꽃대가 꺾여 떨어진 꽃은 다시는 봉오리를 피우지 못한다. 차고 더러운 바닥에 버려져 그대로 사라지고 잊힌다. 애초에 그것이 다시 꽃을 피울 일은 없다. 그 꽃은 아무런 쓸모도, 의미도 없다. 잠시 착각했다. 다시 꽃피울 줄 알았다.

옥상에 올라 난간 앞에서 한참을 망설였다. 뛰어내릴까, 말까. 죽고 싶을 만큼 죽고 싶었지만 결국 용기가 나지 않았다.

옥상에서 내려오는 길에 104호 여자와 또 마주쳤다. 그녀가 나를 보고 비웃었다. 죽을 용기도 없는 겁쟁이라고.

스마트폰으로 한참을 검색한 끝에 자살하려는 사람들이 모인 커뮤니티 사이트를 찾았다. 그곳엔 나처럼 죽지 못해 사는 사람이 수두룩했다. 채팅방에 들어갔다가 같은 동네에 사는 한 남자를 알게 됐다. 남자의 아이디는 짱딱. 나이가 엇비슷했던 우리는 어느 정도 말이 통했다.

나는 그를 고시텔로 초대했다. 죽는 것도 혼자서는 외로웠다.

다음 날, 고시텔로 짱딱이 찾아왔다. 그는 키도 크고 살집도 꽤 있었다. 우리는 채팅방에서 차마 다 하지 못했던 대화를 이어 나눴다. 짱딱은 활기차게 이야기하다가도 금세 침울해졌다. 감정이 들쑥날쑥했다.

우리가 마주 앉아 어떻게 죽을지 논의하고 있는데 누군가가 밖에서 문을 두들겼다. 외시경으로 밖을 보니 104호 여자가 서 있었다. 그녀가 왜 나를 찾아왔을까? 문을 열자 한동안 날 바라만 보던 그녀가 불쑥 물었다.

지금, 죽고 싶은 거죠?

내가 아무 대답도 못 하고 서 있자 그녀가 예상치 못한 말을 꺼냈다.

나도요. 우리 같이 죽을래요?

이게 무슨 상황인가 싶어 잠시 당황했지만 생각해보니 그럴 필요가 없었다. 나는 마침 같이 죽을 사람을 모집하고 있었다. 말없이 그녀를 안으로 들였다.

짱딱이 갑자기 나타난 그녀를 수상한 눈으로 보길래 내가 대신 소개했다. 이 고시텔 104호 사시는 분이에요.

이분도 죽고 싶으시대요. 짱딱이 의심이 가득한 투로 물었다. 왜요? 왜 죽고 싶으신데요? 그러게. 그건 나도 궁금했다.

자리를 잡고 앉은 그녀가 곧 자신의 사연을 줄줄이 털어놓았다. 알고 보니 그 나름의 사정이 있었다. 들어가려고 몇 년을 공들인 회사에서 떨어졌다. 이제 학비는커녕, 학자금 대출만 잔뜩 있고 더 버티기 힘들다. 그 사연이 딱히 가슴에 와닿지는 않았지만 그러려니 했다. 내가 그 여자가 아닌 이상 무슨 이유를 대도 그녀를 이해하기는 힘들 테니까. 남들이 죽으려 하는 나를 이해하지 못하는 것처럼.

각자의 사정을 털어놓은 뒤 어떻게 죽을지 논의하는데, 104호 여자가 대뜸 손에 쥔 하얀 알약을 내밀며 말했다. 어렵게 구한 거예요.

애그래다시알. 스위스의 안락사 기관에서 사용하는 약으로 자살을 꿈꾸는 사람들 사이에서는 최고의 아이템으로 통한다. 이 약을 복용하면 서서히 졸리다 잠에 빠져들고, 그대로 심정지가 온다. 아무런 고통 없이 죽음을 맞이할 수 있다. 한국에서는 구하기도 힘든 데다가 어쩌다 암거래되는 것도 말도 안 되게 비싸다. 내가 말했다. ……얼마를 드려야 할까요? 그녀가 말했다. 죽는 마당에 돈 받아서 뭐 해요. 그건 그렇지.

쇠뿔도 단김에 빼자고, 우리는 이렇게 모인 김에 그 자리에서 함께 약을 먹기로 했다. 유서 따위 쓰자는 사람도 없었다.

하나, 둘, 셋. 우리는 애그래다시알을 동시에 입에 넣고는 나란히 바닥에 누웠다.

30분쯤 지났을까? 배에서 꼬르륵 소리가 들렸다. 하루 종일 아무것도 먹지 못했다. 이 순간에도 냉장고에 있는 먹다 남은 김밥이 생각나는 내가 하찮게 느껴졌다. 허기를 참아내고 버티자 곧 졸음이 몰려왔다. 서서히 의식이 희미해졌다. 아, 이제 끝이구나. 안녕. 세상아.

다음 날 아침. 멧돼지가 우는 소리에 번쩍 눈을 떴다. 짱딱이 코 고는 소리였다.

어젯밤, 어마어마한 복통에 시달렸다. 짱딱과 나는 밤새 방을 굴러다니며 비명을 내질렀다. 진짜 죽을 뻔했다.

밤에는 그렇게 배가 아팠는데 아침에 일어나니 배가 고팠다. 냉장고에 있던 김밥을 꺼내 하나씩 집어 먹으며 생각했다.

이 괘씸한 여자는 대체 어디로 갔을까?

그 여자

미국 플로리다대학의 크래도 사라 교수의 연구에 따르면, 자살을 시도했다 살아남은 사람들은 자신의 행동을 후회하고 새 삶을 살아가는 경우가 많다고 한다. 자살을 시도했다가 살아남은 이들 중 대부분이 다시 죽으려 들지 않았다는 말이다.

그들은 인터뷰에서 이런 말을 했다.

"다리 위에서 뛰어내린 순간 나는 인생에서 내가 해결할 수 없는 일은 하나도 없다는 사실을 깨달았다. 방금 다리에서 뛰어내렸다는 사실만 빼고."

"방금 내가 무슨 짓을 한 거지? 내 목을 죄는 이 빌어먹을 노끈이 제발 끊어졌으면."

고민 끝에 죽으려는 행동을 한 직후 그 어느 때보다 살고 싶은 마음이 들며 후회했다는 것이다.

옥상에서 내려온 나는 머릿속이 복잡했다. 107호 앞

에 멈춰 서서 많은 생각을 했다. 내가 이전에 그를 살리고자 썼던 방법이 결과적으로 그의 상태를 더 악화시켰을 수도 있다. 이렇게 된 이상, 보다 적극적으로 나서야겠다고 생각했다.

다음 날 밤, 나는 107호를 찾아가 나 역시 죽고 싶다고 말했다. 그가 내 말을 믿을 수 있도록 내가 죽으려 하는 많은 이유를 준비했지만 그는 별말 없이 나를 방 안으로 들였다.

방 안에 죽고 싶은 또 다른 남자가 있는 건 차마 예상하지 못했다. 하지만 107호를 살리는 것과는 상관없는 변수였다. 게다가 짱딱이라고 불리는 그 남자에게도 죽고 싶다는 마음을 돌릴 좋은 기회가 될 수 있었다.

둥글게 둘러앉아 자살하려는 이유를 말하는 자리에서 짱딱은 자신의 사연을 말하다가 버럭 화를 냈다. 몸이 덜덜 떨리고 호흡이 가빠지기도 했다. 작은 자극에도 폭발하는 분노 조절 장애가 있는 것 같았다. 분노 조절 장애를 가진 사람들은 타인에게 해를 가하기도 하지만, 분노의 대상이 자신이 되었을 때는 자기 자신에게 해를 가한다.

이어서 107호 남자가 자신의 사연을 덤덤하게 풀어놓

앉다. 글쎄. 그의 사연은 나로서는 이해하기 힘들었다. 다만, 지금껏 전혀 들어본 적이 없어서 몰랐는데 그의 낮고 부드러운 목소리는 꽤 감미로웠다.

곧 달리는 기차에 몸을 던지자는 둥, 벼랑 끝에서 뛰어내리자는 둥 두 남자가 앞다퉈 살벌한 말들을 꺼내길래 나는 서둘러 준비한 약을 꺼내 그들 앞에 내밀었다.

베아팔란디르. 위에서 작용하는 이 하얀 알약은 통증을 유발하는 체내 화합물을 생성시킴으로써 어마어마한 복통을 유발한다. 지속적인 고통에 반응하는 대뇌피질의 활동을 연구하기 위해 화학과에 제약을 의뢰했던 약으로 통증 감각만을 극심하게 증가시킬 뿐 다른 부작용은 없다. 당시 피실험자를 구하기 힘들어 뭣도 모르고 내가 약을 먹었다가 지옥에서 살아 돌아왔다. 그대로 죽는 줄 알고 화학과 놈들이 범인이라고 내내 소리를 질렀다. 평소 죽고 싶은 생각이라고는 전혀 해본 적이 없는 나인데도 불구하고 삶이 얼마나 소중한지 새삼 깨닫게 해준 약이니 임상은 성공적으로 마친 셈이다.

이 약이 애그래다시알이라고 말하자 둘은 내 말을 철석같이 믿었다. 하긴, 애그래다시알은 구하기는커녕 구경하기도 어려워 다들 그게 어떻게 생겼는지도 모른다. 나도 검색 끝에 겨우 약 이름만 알아낸 정도였다. 내가 그 약의 이름을 알고 있는 것만으로도 그들에게 충분한 믿음을 주었을 거다.

짱딱이 그러면 이제 죽을 날짜를 정하자며 내 작전에 초를 치려고 들어 내가 지금 당장 약을 먹자고 그를 다그쳤다. 짱딱 씨는 세상에 아직 미련이 남았나 봐요? 날짜는 무슨 날짜를 잡아요. 어디 해외여행이라도 가요? 나는 다음 날부터 오스트리아에서 열리는 학회에 참석할 예정이라 출국을 앞두고 있었기에 반드시 그날 107호 남자에게 약을 먹여야만 했다. 내가 한국을 떠나 있는 동안 그가 무슨 일을 벌일지 모른다.

결국 우리는 그 자리에서 동시에 약을 삼켰다. 107호 남자와 짱딱은 베아팔란디르를, 나는 그것과 똑같이 생긴 비타민B를 먹었다. 나는 양옆에 누운 남자들이 모두 잠든 걸 확인한 후, 집으로 돌아와 캐리어를 챙겨 오스트리아로 떠났다.

일주일간의 일정을 마치고 한국으로 돌아왔다. 집으로 돌아온 나는 현관문을 열자마자 눈앞에 펼쳐진 광경을 보고 그 자리에서 얼어붙었다. 집 안의 물건이 사방에 어지럽게 널려 있었다. 활짝 열린 창문 사이로는 후텁지근한 바람이 들어왔다. 도둑이 들었을까? 방바닥을 자세히 보니 검은 발자국이 가득 찍혀 있었다. 아, 그 발자국. 그건 내가 며칠 전 옥상에서 보았던 그 발자국과 똑같았다.

107호! 그 남자가 왜? 그가 왜 내 집에?

극도로 불안해진 나는 가만히 방 안에 앉아 있을 수 없었다. 늦은 시간이지만 집을 나오는 게 더 안전하다고 판단했다. 고시텔을 나온 나는 바로 경찰서로 향했다.

가로등 불빛 하나 없는 다소 외진 길을 걸을 때였다. 급한 마음에 걸음을 재촉하는데 옆 골목에서 번쩍 나타난 누군가가 내 몸을 거칠게 잡아당겨 와락 끌어안았다. 그 괴한은 내가 소리 지르지 못하도록 내 입부터 손으로 덥석 막았다.

나를 내려보며 가쁜 숨을 몰아쉬는 그는 107호 남자였다.

그 남자

한 번 죽었다 살아난 이후로 내 머릿속은 온통 104호 여자 생각뿐이었다.

그 약은 왜 아프기만 하고 효과가 없었을까? 그녀가 나를 속인 건가? 그렇다면 대체 왜 그랬을까?

그녀를 만나 내게 왜 그랬는지 물어보고 싶어도 104호 여자는 그날 이후로 모습을 보이지 않았다. 그녀는 대체 어디로 사라졌을까? 그녀는, 살아 있을까? 설마 혼자 죽은 건 아니겠지?

자살하고 싶은 마음이 사라진 건 아니었다. 약을 먹고 겪었던 고통이 워낙에 극심해 한동안 다시 자살을 시도할 엄두가 나지 않았지만, 사흘쯤 지나자 슬슬 다시 끝내야겠다는 생각에 사로잡혔다.

언제나처럼 잠들기 힘든 밤이었다. 술의 힘을 빌려 잠에 들 생각으로 편의점에 들러 소주 한 병을 사 오는데, 한 거한이 내가 사는 고시텔 건물 창문을 통해 밖으로 나오는 장면을 목격했다. 거한이 방금 빠져나온 방은 위치로 보아 104호였다. 막 밖으로 나와 주변을 두리번거리던 거한의 얼굴이 환한 가로등 불빛을 받아 확연히 드러났다.

그는 짱딱이었다. 불현듯, 약을 먹은 다음 날 아침에

짱딱이 기묘하게 웃으며 반복해 중얼거리던 그 말이 떠올랐다.

'나를 속였겠다? 그랬겠다?'

짱딱은 금세 어디론가 사라졌고, 뒤이어 도착한 나는 깨진 창문 사이로 방 안을 들여다보았다. 집 안은 마치 폭풍이 지나간 듯 온갖 물건이 제멋대로 흩어져 있었다.

……저기요? ……104호 님?

어두컴컴한 방 안을 둘러보던 중 침대 밑에서 삐져나온 그녀의 가녀린 팔이 눈에 들어왔다. 놀란 나는 열린 창문을 통해 집 안으로 뛰어들어가 그것을 냉큼 잡아당겼다. 바닥에 떨어져 있던 티셔츠였다.

어떻게 된 일일까? 그녀는 방 안에 없었다. 그대로 밖으로 나가려던 찰나, 방 한쪽에 붙어 있는 낯익은 종이를 발견한 나는 그 자리에 우뚝 멈춰 섰다. 화이트보드 한구석에 붙어 있던 그것은 복싱 체육관 광고지였다. 스마트폰 플래시를 켜자 화이트보드에 빼곡히 적힌 글씨들이 환하게 드러났다.

··· 107호 남자 살리기

운동으로 호르몬 자극
체육관을 다니게 하려면?
옥상에서 자살 시도
충격요법…

최근 겪은 모든 일이 주마등처럼 스쳐 지나갔다. 공용 주방에서 그녀가 나를 깨운 일, 집으로 오는 길에 하늘에서 쏟아져 내리는 복싱 광고지를 받았던 일, 옥상에서 내려오는 계단에서 그녀와 마주쳤던 일, 현관문 앞에 서 있던 그녀가 같이 죽자고 말했던 일.

다시 현실로 돌아온 나는 화이트보드 한쪽 구석에 있는 작은 일정표로 그녀의 스케줄을 확인했다.

… 오스트리아 학회
8/19 22시 귀국 …

오늘이다. 오늘 밤 그녀가 온다. 아, 이 일정표를 짱딱도 보지 않았을까? 짱딱이 어디선가 몰래 숨어 그녀를 기다리고 있지 않을까?

나는 황급히 밖으로 나와 고시텔 근처를 수색했다. 역시나. 얼마 안 가 근처 골목에서 서성거리던 짱딱을 찾았다.

여기서 뭐 해요?

아, 누굴 좀 기다려요.

누구요?

몰라도 돼요.

창문을 깨고 104호 안으로 들어간 그의 행동과 지금 내 눈앞에서 보이는 수상한 몸짓으로 미루어 볼 때 그는 분명 위험한 상태였다.

나는 뭘 하려는지 알고 있다며 그를 말렸지만 내게 계획이 들킨 짱딱은 이제 대놓고 104호 여자를 향해 거친 욕을 퍼부었다. 나는 그녀가 우리를 살리기 위해서 한 행동이라고 말하며 설득했지만 이미 흥분한 짱딱은 내 말을 들을 생각이 없었다.

넌 왜 그러는데? 네가 뭔데? 남자 친구라도 돼?

그때였다. 멀리 짱딱의 등 뒤로 캐리어를 끌고 집으로 향하는 104호 여자의 모습이 보였다. 나는 일부러 짱딱을 자극해 그가 뒤돌아보지 못한 채 나를 따라오게 했다. 그녀에게서 멀어지도록 그를 유인했다. 그러다 어두운 골목에 숨어 놈의 시야가 나를 잠깐 놓친 사이 나는 다시 고시텔을 향해 달렸다. 그녀를 만나 다른 곳으로 피신시키려고 했지만, 104호 안에는 커다란 캐리어 하나만 달랑 놓여 있었다.

나는 숨 돌릴 틈도 없이 근처 골목을 뛰어다니며 그녀를 찾았다. 아아, 어렵사리 찾은 그녀는 하필 짱딱이 있는 방향으로 걸어가는 중이었다. 안 돼! 지름길로 내달려 겨우 그녀를 따라잡았다. 104호 여자의 손을 잡아채 벽 뒤로 끌어당겼다. 나는 거친 숨을 고르며 내 품 안에 안긴 그녀와 눈을 마주했다. ……따뜻하다. 그런 느낌이 들었을 때였다. 어디선가 나타난 커다란 그림자가 우리를 덮쳤다. 아, 한발 늦었다.

성난 얼굴로 나타난 짱딱이 104호 여자의 팔을 잡고 거칠게 끌어당겼다. 나는 앞으로 나서 짱딱을 말렸지만 흥분한 그는 멈출 줄을 몰랐다. 짱딱이 성가시게 구는 나를 난폭하게 밀쳤다. 나는 몸의 균형을 잡고 짱딱을 향해 주먹을 뻗으려 했지만 그럴 새가 없었다. 내가 겨우 몸을 일으킬 때마다 성큼 다가온 놈이 내 몸을 연신 밀어 나는 그저 계속 뒤로 밀려나기 바빴다. 결국 그러다 바닥에 나동

그라진 내 몸 위로 짱딱이 성큼 올라탔다. 짱딱이 그 솥뚜껑 같은 손으로 내 목을 졸랐다. 금방 숨이 턱 하고 막혔다.

그토록 원했던 죽음을 이렇게 맞이하나? 숨이 막 넘어가나 싶었던 그때였다. 104호 여자가 놈의 뒤에서 목에 초크를 걸었다. 그녀의 공격에 놈의 손에 힘이 풀린 틈을 타, 나는 안간힘을 다해 놈을 뒤로 밀어냈다. 그래. 내일은 모르겠지만 오늘은 죽을 때가 아니었다. 내가 살고 싶은 게 아니라 살리고 싶은 사람이 있었다.

자리를 박차고 일어난 나는 숨을 크게 들이켜고 또 내쉬었다. 다시 두 주먹을 올리고 천천히 스텝을 밟으며 놈의 주변을 돌았다.

흥분한 짱딱이 내게 짐승처럼 달려들었다.

마구잡이로 뻗은 놈의 주먹이 내 귓가를 스치고 지나갔다.

쓱!

상체를 홱 기울여 놈의 품속으로 파고들어갔다. 무방비인 놈의 턱에 라이트 훅을 꽂았다.

빡!

그 여자

 끈질기게 우리를 숨 막히게 한 폭염이 물러가고 어느덧 신선하고 서늘한 바람이 불어와 가을을 알렸다.

 옥상 난간에 기대 밤하늘을 올려보는데 107호 남자가 나타났다. 막 옥상 문을 열고 나타난 그가 나와 눈이 마주치더니 멋쩍게 웃고는 고개를 살짝 숙였다. 나는 가볍게 손을 올려 화답했다. 내 옆으로 다가와 뻘쭘하게 선 그 남자가 한참을 머뭇거리다 어렵게 말을 꺼냈다.

 오늘 날씨 참 덥죠?

 시원한데요.

 그렇죠? 아, 이제 좀 살 것 같네. 제가 원래 심장이 빠르게 뛰는 편이 아니거든요? 이렇게 만져봐도 보통은 뛰는지 안 뛰는지도 모를 정도로 느려요. 그런데 요즘은 하루에 2번씩 심장이 빨리 뛰어요. 첫 번째는 복싱할 때. 한 1분만 움직여도 미친 듯이 뛴다니까요. 몸 밖으로 심장이 튀어나올 거 같아요. 그리고 두 번째는 언제인지 아세요?

 나는 알았지만 맞히기는 싫었다. 내가 잠자코 있자 그가 부끄러워하며 답을 말했다.

 ……정연 씨 볼 때요.

그의 수줍은 고백에 나는 미소를 지으며 답했다.

미안해요. 성하 씨. 저는 심장이 안 뛰어요.

그 남자의 얼굴이 금세 어두워졌다. 이렇게 급격히 우울해지는 걸 보니 아직 전두엽과 변연계를 잇는 신경망이 한참 얇은 모양이다.

나는 107호 남자에게, 사랑이라는 감정은 결국 뇌의 신경 화학물질이 분비되어 일어나는 현상인데 그런 감정이 일어날 때는 전전두엽의 기능이 억제되어 이성적인 판단을 하지 못하는 경우가 많다……는 말을 꺼내려다가 그만뒀다. 지금 이 남자에게 필요한 건 그런 뻔한 조언 따위가 아니라 그저 곁에서 자신의 이야기를 들어줄 누군가일 테니까.

나는 107호 남자에게 요즘 새롭게 쓰는 소설에 관해 이야기해달라고 말했다. 반가운 요청이었는지 그는 금방 어두운 안색을 거두고 눈을 빛내며 자신이 쓰는 소설의 내용을 말해주었다.

뭐랄까, 그 남자가 전해주는 이야기는 어딘가 다소 음울하고 이상했지만, 낮게 깔린 중저음의 파동이 맑은 공기를 타고 내 고막에 닿는 느낌은 썩 나쁘지 않았다.

107호 남자가 목소리는 참 좋다.

그때 문득 그런 예감이 들었다. 앞으로 이 남자와 옥상에 자주 올라올 것 같다고.

나는 옆에 선 그에게 저것 보라며 손가락 끝으로 밤하늘을 가리켰다. 지구에 근접한 사라야치 혜성이 우리 위에서 반짝거렸다.

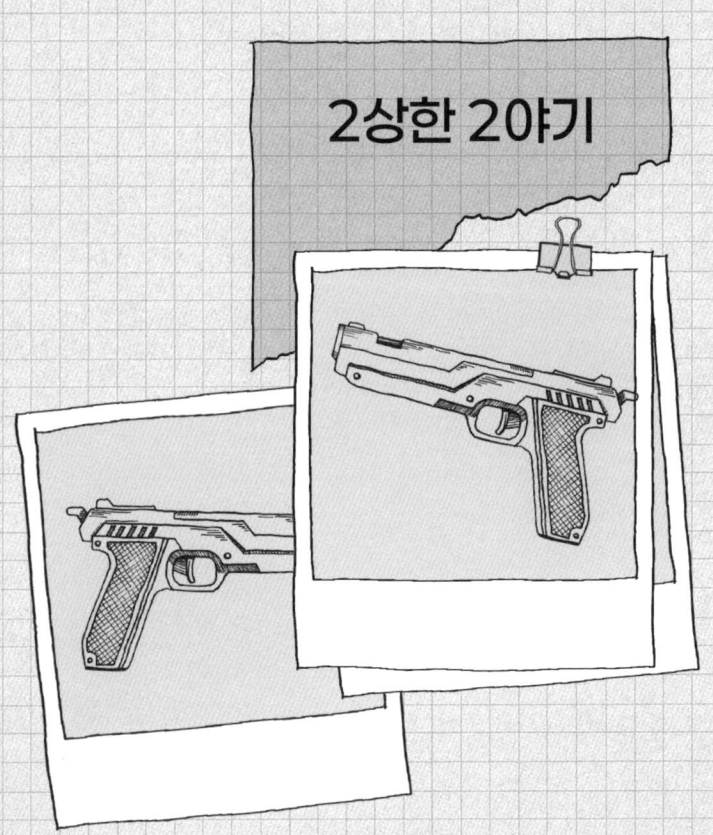

2상한 2야기

김주연김주연.

아침에 도착한 택배 상자의 송장에는 내 이름이 2번 찍혀 있었습니다. 특별한 일은 아닙니다. 담당자의 실수거나 기계 오류거나. 처음에는 저도 그렇게 생각했습니다. 택배 상자에는 중요한 물건이 들어 있었기 때문에 이름이 2번 찍힌 사소한 사건 따위는 더 신경 쓸 일도 아니었습니다. 그게 시작인 줄도 모르고 말입니다.

상자를 허겁지겁 뜯자 그 안에는 빛바랜 하얀색 운동화가 들어 있었습니다. 곳곳이 닳고 해진 낡은 운동화였습니다. 나는 운동화 밑창을 커터 칼로 자르고 그 안에 숨긴 작고 투명한 지퍼 백을 꺼냈습니다. 안에는 곱게 갈린 새하얀 가루가 들어 있었습니다. 필로폰입니다.

미리 말하겠습니다. 나는 앞으로 당신에게 분명 이상한 이야기를 하겠지만, 지금부터 내가 할 이 이야기는 분명 이상하게 들리겠지만, 결코 내가 마약중독자라서 하는 이야기가 아닙니다. 모두 나에게 실제로 일어난 일입니다. 미친놈 소리를 들을까 봐 누구에게도 하기 어려운 이야기지만 다른 누구도 아닌 당신이니까 하는 겁니다. 이 이야기를 듣고 있는 바로 당신 말입니다.

중요한 일을 앞두고 있던 나는 아침부터 줄곧 초조했기 때문에 필로폰을 정맥에 주사하며 마음을 진정시켰습니다. 아니, 진정시킨다는 표현은 어울리지 않겠지요. 나는 극한의 쾌락을 느꼈습니다. 손가락을 붓 삼아 벽에 그림을 그렸습니다. 따뜻한 공기와 산뜻한 바람을, 달콤한 냄새와 아련한 기억을, 아름다운 멜로디가 흐르는 천국을 그렸습니다.

시간이 얼마나 지났을까요? 약기운이 점차 사라지며 거뭇한 곰팡이가 핀 천장이 눈에 들어왔습니다. 다시 지옥에 떨어진 나는 문득 어쩌다 내 삶이 이렇게 되었는지 기억을 되짚었습니다.

어릴 적부터 나는 이곳, 산골 마을에 살았습니다. 산과

저수지밖에 없는 심심한 마을이지만 괜찮았습니다. 학교가 끝나면 친구들과 산을 누비며 탐험 놀이를 했고, 저수지에서 낚시도 했습니다.

혼자 있을 때는 그림을 그렸습니다. 특히 풍경화를 즐겨 그렸습니다. 저수지에 앉아 누런 갈대와 푸른 하늘을 그리고 있노라면 마음이 고요해졌는데 그 느낌이 그렇게 좋았습니다.

내가 13살이 되던 해에 아빠가 교통사고로 돌아가셨습니다. 이후, 그때까지 줄곧 집에서 살림만 하시던 엄마는 식당 일을 시작하셨습니다. 그렇게 6년 동안 홀로 제 뒷바라지를 하셨습니다. 내가 고등학교 졸업반이 되었을 때, 평소 제 그림을 좋게 보던 담임선생님이 제게 장학금을 받으며 미술 공부를 할 수 있는 대학을 추천해주셨습니다. 엄마 역시 내가 그 대학에 가길 바랐지만 정작 나는 주저했습니다. 더 이상 모든 짐을 엄마에게 떠맡긴 채 학생이라는 핑계를 대고 학교만 다니고 있을 수는 없었습니다. 당장 돈이 필요했습니다. 그림만 그려서는 밀린 월세를 낼 수 없었습니다. 결국 나는 대학에 가는 대신 공장에 취업했습니다. 당시 우리 엄마에게 치근덕대던 대령 아저

씨의 연줄로 한 군수공장에 쉽게 들어갈 수 있었습니다.

그때 말입니다. 그때 만약 내가 그림을 그리기로 선택했더라도 지금 이런 인생을 살고 있을까요?

불현듯 목구멍이 타는 듯한 갈증을 느낀 나는 거실로 나가 냉장고 문을 벌컥 열었습니다.

그 안에는 투명한 플라스틱 물병이 두 개 있었습니다.

네. 두 개가 있었죠. 원래 냉장고 안에는 물병이 두 개 있었을 겁니다. 그런데 나란히 선 물병 두 개가 유독 눈에 밟혔습니다. 그때, 문득 뒤에서 누가 쳐다보는 기분이 들어 고개를 홱 돌렸습니다.

식탁 위에는 기이할 만큼 똑같이 생긴 호두 두 알이 나란히 놓여 있었습니다.

거실 어항 안에는 금붕어 두 마리가,

베란다에는 선인장 두 그루가,

화장실에는 하얀 수건 두 개가,

안방 책상 위에는 검은 펜 두 자루가 있었습니다.

하나였던 게 둘이 된 게 아닙니다. 그것들은 원래 두 개씩 있었습니다. 아니, 사실 잘 모르겠습니다. 확신할 수 없습니다. 어쨌든, 아까도 말했듯이 오늘 나는 중요한 일이

PART 15

개인사업자, 수입금액이 왜 중요한가요?

수입금액은 사업자의 세법상 의무사항을 결정하는 핵심 기준입니다. 수입금액에 따라 부가가치세, 소득세, 장부 기장 의무(간편장부·복식부기) 등이 달라집니다. 또한 성실신고확인 대상 여부나 세무조사 가능성도 수입금액 기준으로 정해집니다. 즉, 수입금액을 정확히 파악해야 적정한 세금 신고와 절세 관리가 가능합니다.

15-1 매출에 따른 기장의무 판정

학원을 운영하다 보면 "올해 매출이 얼마인지"가 단순히 수익을 확인하는 것 이상의 의미를 갖습니다. 세법은 사업자의 수입금액 규모에 따라 세금 신고 방법과 의무 사항을 다르게 정하고 있기 때문입니다. 특히 개인사업자의 경우, 수입금액이 일정 기준을 넘으면 장부 작성 의무가 달라지고, 세무 관리의 난이도도 크게 높아집니다.

수입금액 구간별 신고 유형

세법은 수입금액 규모에 따라 개인사업자의 종합소득세 기장 의무와 신고 유형을 달리 정하고 있습니다. 학원업의 경우 수입금액 7,500만 원을 기준으로 간편장부대상자와 복식부기의무자가 나뉘며, 수입금액이 5억 원 이상인 경우 성실신고대상자로 분류됩니다.

매출 규모에 따른 수입금액 신고 유형 비교

매출 규모	신고 유형
2,400만 원 미만	단순경비율 적용 대상자
2,400만 원 이상 7,500만 원 미만	간편장부 적용 대상자(추계 시 기준경비율 적용)
7,500만 원 이상 5억 원 미만	복식부기 의무자
5억 원 이상	성실신고 대상자

수입금액 계산 방법

수입금액은 사업장이 여러 개인 경우 사업자의 모든 사업장을 합산한 금액으로 계산합니다. 또한, 강사로 활동하며 받는 인적용역수입이 있는 경우 해당 수입금액도 포함하여 판정합니다.

예를 들어 A학원에서 수입금액 5,000만 원, B학원에서 수입금액 3,000만 원이 발생했다면 합산 8,000만 원으로 복식부기의무자에 해당합니다. 여기에 외부 강의로 받은 강사료 1,000만 원이 있다면 모두 합산한 9,000만 원을 기준으로 판정합니다.

기장의무를 판정하는 기준 (전년도 vs. 당해 연도)

추계 신고 시 적용되는 신고유형과 복식부기 기장의무는 전년도 수입금액을 기준으로 판정됩니다. 따라서 충분히 예측하고 준비할 수 있는 시간적 여유가 있습니다.

예를 들어 2025년도 수입금액이 8,000만 원이었다면, 2026년 귀속부터 복식부기의무자로 전환되어, 2027년 5월에 신고하는 2026년 귀속 종합소득세는 복식부기의무자로 신고해야 합니다. 2026년 초부터 복식부기 장부를 준비할 수 있는 것입니다.

반면 성실신고 대상자로 판정되는 5억 원 기준은 당해연도 수입금액을 기준으로 판정됩니다. 즉 2026년도에 수입금액이 5억 원이 될 경우, 2026년도에 대한 종합소득세 신고부터 바로 성실신고대상자에 해당됩니다. 따라서 연중에 매출이 급증하여 5억 원을 넘을 것으로 예상된다면, 미리 세무 대리인과 상담하여 성실신고 준비를 시작해야 합니다.

15-2 성실신고 확인대상자

성실신고제도란?

학원 사업자의 수입금액이 5억 원 이상이 될 경우, 세법은 개인사업자 치고 상당히 큰 규모의 사업을 운영하고 있다고 판단합니다. 성실신고제도를 직관적으로 표현해 보면, 세무서가 납세자의 담당 세무사에게 세무조사의 역할을 대신 부여한 것으로 볼 수 있습니다.

성실신고대상자는 왜 신고가 까다로운가요?

세무 대리인은 수입금액의 신고에 누락이 없는지,

필요경비에 사업과 무관한 개인적 지출이 없는지 하나하나 꼼꼼하게 검토하여 이에 대하여 기술한 서류인 '성실신고확인서'를 작성하여 첨부하도록 정하고 있습니다. 이에 대하여 잘못 또는 거짓으로 기재하여 제출한 것이 적발될 경우, 납세자는 물론이고 해당 성실신고확인서를 작성한 세무사도 징계 등 불이익을 받습니다.

성실신고대상자는 통장거래내역에 기록되어 있는 모든 수입내역과 지출내역을 발행된 증빙 내역과 대조하여 일치시키는 작업을 하여야 합니다. 실무적으로 흔히 '통장을 맞춘다'고 표현하는 이 작업은 다음과 같이 이루어집니다.

- 수입 측면: 통장으로 입금된 모든 수입내역과 매출증빙으로 발급된 카드매출전표, 현금영수증, 계산서가 일치해야 합니다.
- 지출 측면: 통장에서 출금된 모든 지출내역은 카드매입전표, 사업자용 매입 현금영수증, 매입 세금계산서합계표, 인건비 지급명세서 제출 내역 등과 일치해야 합니다.

학원업을 운영하며 매출증빙, 특히 현금영수증

을 누락하고 발급하지 못한 교습비는 전부 수입금액으로 빠짐없이 기록하여야 하며, 만약 건당 10만원 이상의 거래인 경우 현금영수증 미발급 가산세 20%까지 추가로 계산하여 신고서에 반영하여야 합니다.

사업용 계좌를 사용하지 않은 수입과 경비 내역이 있을 경우 이에 대한 사업용 계좌 미사용 가산세 또한 정확히 계산하여 반영하여야 합니다.

성실신고확인서 제출하지 않으면 어떻게 되나요?

성실신고대상자가 성실신고의 방법으로 신고할 경우, 다음 연도 5월 말이 아닌 6월 말까지 신고할 수 있으며, 세무대리인이 작성한 성실신고확인서를 첨부하여 종합소득세 신고서를 제출하여야 합니다.

만약 성실신고 방법으로 신고하지 않고, 일반 복식부기의무자와 같이 성실신고확인서 없이 신고를 할 경우 다음 연도 5월 말일까지 신고, 납부할 수 있습니다. 다만, 성실신고대상자가 성실신고확인서를 제출하지 않을 경우, 미제출에 대한 가산세가 발생합니다.

  하지만 이보다 더 주의해야 할 점은 정기 세무조사 대상으로 선정될 확률이 높아진다는 사실입니다. 성실신고확인서를 제출하지 않은 성실신고 대상자는 세무서 입장에서 '세금을 제대로 신고했는지 확인이 필요한 사업자'로 인식될 수 있기 때문입니다.

15-3 공동사업자의 기장의무 판정

학원을 운영하다 보면 혼자가 아닌 동업자와 함께 사업을 시작하는 경우가 많습니다. 이럴 때 세법상 '공동사업자'로 등록하면 세금 계산과 사회보험료 부과 측면에서 실질에 맞는 관리가 가능합니다.

공동사업이란?

공동사업자는 두 명 이상이 함께 자금을 출자하고, 공동으로 사업을 운영하며, 발생한 이익과 손실을 나누는 개인 사업자의 형태입니다. 만약 사업 운영의 실질이 동업에 해당한다면, 사업자등록을 공동사업자로 신청하는 것이 추후 세금 계산 및 사회보험료 부과 시 편리합니다.

공동사업자의 세금 계산 방식

공동사업자는 하나의 사업장에 대하여 하나의 장부로 기장합니다. 따라서 사업장 기준으로 신고하는 부가가치세신고, 사업장현황신고, 원천세신고는 한 개의 신고서로 신고됩니다.

다만 종합소득세 신고는 개인 기준으로 신고하는 것이므로, 공동사업 구성원별로 각각 신고하여야 합니다. 이때 약정된 손익분배비율에 따라 구성원의 소득금액이 계산되며, 각자 신고된 소득금액을 기준으로 건강보험료 등 사회보험료가 부과됩니다.

공동구성원의 소득금액 배분 방법

공동사업의 소득금액은 공동사업계약서에 약정된 손익분배비율에 따라 각 구성원에게 배분됩니다. 만약 공동사업계약서에 손익분배비율이 명시되어 있지 않다면, 지분율에 따라 배분됩니다.

예를 들어 A와 B가 6:4의 손익분배비율로 약정하고 연간 소득금액이 1억 원이 발생했다면, A는 6,000만 원, B는 4,000만 원의 소득금액으로 각각 종합소득세를 신고합니다. 건강보험료 역시 A는 6,000만 원, B는 4,000만 원을 기준으로 각각 부과됩니다.

만약 지분율이 5:5로 약정되어 있고 별도의 손익분배비율이 명시되지 않았다면, A와 B는 각각 5,000만 원씩 소득금액으로 신고하게 됩니다.

공동 비율, 거짓으로 신고하면 안 돼요!

간혹 소득을 분산하여 세금 부담을 피하기 위한 목적으로 공동사업자 제도를 악용하는 경우가 있습니다. 실제로는 혼자 운영하는 학원인데, 배우자나 가족을 공동사업자로 올려 소득을 나누는 것입니다. 이는 명백한 조세 회피 행위로, 적발될 경우 다음과 같은 불이익이 발생할 수 있습니다.

- 분산된 소득이 실제 운영자에게 모두 귀속되

어 세금이 재계산됩니다. 예를 들어 본인 5,000만 원, 배우자 5,000만 원으로 신고했던 소득이 모두 본인의 소득 1억 원으로 재계산되는 것입니다.

- 과소신고 가산세가 부과됩니다. 실제 납부했어야 할 세금과 신고한 세금의 차액에 대해 최대 40%까지 가산세가 추가로 부과될 수 있습니다.

따라서 공동사업자 등록은 반드시 실질적인 동업 관계가 있을 때만 하시기 바랍니다. 실제로 함께 자금을 출자하고, 함께 의사결정을 하며, 함께 이익과 손실을 나누는 관계라면 공동사업자 등록이 오히려 세무 관리에 유리하고 투명합니다.

공동사업자의 기장의무 판정

공동사업자는 단독사업자와 독립하여 별개의 사업자로 봅니다. 따라서 기장의무를 판정할 때 다음과 같은 원칙이 적용됩니다.

- 공동사업과 단독사업은 별도로 판정: 공동사업의

구성원이 본인의 단독사업도 영위할 경우, 기장 의무 판정 시 이 둘은 각각 별도로 판정됩니다.
- 구성원이 같은 공동사업자는 합산하여 판정: 같은 구성원으로 이루어진 공동사업자의 경우 동일한 사업자로 보고 수입금액을 합산하여 판정합니다.

공동사업자 구성원의 사업용 카드와 사업용 계좌

공동사업자의 구성원인 비대표자 명의의 카드와 계좌도 사업용 카드와 사업용 계좌로 등록 및 신고하여 사용할 수 있습니다.

예를 들어 A와 B가 공동사업자이고 대표자가 A인 경우에도, B 명의의 카드와 계좌를 사업용으로 등록하여 학원 운영 경비를 지출할 수 있습니다. 이는 실제 사업을 함께 운영하는 공동사업의 특성을 반영한 것입니다.

공동사업자의 사업자등록

공동사업자로 사업자등록을 하기 위해서는 다음의 서류가 필요합니다.

- 임대차계약서: 사업장의 임대차계약서가 공동명의로 작성되어야 합니다. A와 B가 공동사업자라면, 임대차계약서의 임차인란에 A와 B 모두의 이름이 기재되어야 합니다.
- 공동사업계약서: 공동사업계약서를 작성하여 첨부하여야 합니다. 공동사업계약서에는 각 구성원의 지분율, 손익분배비율, 출자금액 등이 명확히 명시되어야 합니다.

이러한 서류를 갖추어 관할 세무서에 사업자등록을 신청하면, 공동사업자로 등록되어 각 구성원의 실질적인 지분과 역할에 맞는 세무 관리가 가능해집니다.

마치며

교육서비스 전문 세무사가 필요한 이유

책의 마지막 장까지 함께해 주신 독자님께 진심으로 감사드립니다.

이제 여러분은 학원 사업자가 반드시 알아야 할 세금의 기본 구조와 실무 절차를 이해하셨을 겁니다. 한 걸음 더 나아가 "세금은 피할 수 없는 부담"이 아니라 관리 가능한 경영 자원이라는 사실도 느끼셨을 것입니다.

사업을 하다 보면 예상치 못한 세금 고지서나 신고 누락 통지서를 받는 일이 생기곤 합니다. 그럴 때 당황하지 않고 스스로 상황을 판단할 수 있는 힘, 그리고 세무 전문가와의 대화를 이해할 수 있는 기본 지식이 바로 이 책을 통해 얻을 수 있는 가장 큰 자산입니다.

하지만 세금의 세계는 한 번 배우고 끝나는 영역이 아닙니다. 법은 매년 바뀌고, 정부의 정책 방향도 변합니다. 따라서 혼자 모든 걸 해결하기보다는 전문 세무 대리인과 꾸준히 상의하며 사업을 관리하는 것이 장기적으로는 훨씬 더 안전하고 경제적인 절세 전략이 됩니다.

이 책이 원장님께 세무의 기초 체력을 길러주었다면, 전문 세무사는 그 위에 탄탄한 절세 전략을 세워주는 든든한 파트너가 되어줄 것입니다. 사업의 규모가 커질수록, 그리고 학원생과 직원이 늘어날수록 세무 관리는 더 중요해집니다. 적절한 시기에 전문가의 도움을 받는 것은 비용이 아니라 위험을 예방하는 투자임을 명심해 주세요.

부디 이 책이 독자님의 학원 운영에 실질적인 도움이 되기를 바랍니다. 앞으로 펼쳐질 모든 사업의 여정이 성장과 번영, 그리고 평안으로 이어지기를 진심으로 기원합니다.

세무법인 엑스퍼트 안양점 대표
류아라 세무사

- **엑스퍼트 지점**(임직원 80명, 소속 세무사 15명)
  - 본점: 크리에이터, 건설·부동산 센터
  - 마포점: 프랜차이즈 가맹점, 음식점 센터
  - 논현점 및 성수점: 가업 승계 및 재산 컨설팅 센터
  - 화성동탄점: 경리 아웃소싱 센터
  - 강남점: 전자상거래, 스타트업 센터
  - 안양점: 학원, 전문직 센터
  - 창원점 및 청담점: 병의원 전문 센터
  - 강남구청점: 세무조사 및 조세불복 센터

공짜로는 알 수 없는 절세 비법
학원

초판 1쇄 인쇄 2025년 11월 25일
초판 1쇄 발행 2025년 12월 4일

지은이 류아라
발행인 선우지운

편집 이주희
표지디자인 공중정원
본문디자인 김민주
제작 예인미술
출판사 여의도책방

출판등록 2024년 2월 1일(제2024-000018호)
이메일 yidcb.1@gmail.com
ISBN 979-11-995683-2-7 (03320)

* 저자와 출판사의 허락 없이 내용의 일부를 인용하거나 발췌하는 것을 금합니다.
* 잘못되거나 파손된 책은 구입한 서점에서 바꿔드립니다.
* 책값은 뒤표지에 있습니다.